「私」の新しい魅力を見つける

星占いの手引書

ANNA.

宝島社

自分のことをもっと深く知る

星占いを構成する要素を知る

- ホロスコープとは ── P.8〜
- 10天体 ── P.26〜
- 12星座 ── P.48〜
- ハウス ── P.74〜
- アスペクト ── P.108〜

星たちからのメッセージを知る

- 月星座 ── P.122〜
- 水星星座 ── P.126〜
- 金星星座 ── P.130〜
- 太陽星座 ── P.134〜
- 火星星座 ── P.136〜
- 木星ハウス ── P.140〜
- 土星ハウス ── P.142〜

新しい自分と出会う

新しい自分へのヒントを知る

- ◆ カスプ ── P.88〜

小惑星の神話に耳を傾ける

- ◆ セレス ── P.103
- ◆ パラス ── P.104
- ◆ ジュノー ── P.105
- ◆ ベスタ ── P.106
- ◆ キロン ── P.107

これから起こることを知る

- ◆ 日運を知る ── P.146
- ◆ 週運を知る ── P.163
- ◆ 月運を知る ── P.172
- ◆ 年運を知る ── P.178

CONTENTS

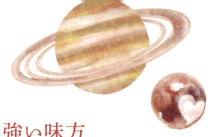

第 1 章　星はあなたの強い味方

星占いを活用することでもっと自分を好きになろう　……8
人生のシチュエーションに応じて目立つ「楽器」が変わる　「10天体」　……10
ときに激しくときに静かに人生の奏で方が刻まれた「演奏スタイル」「12星座(サイン)」　……12
どんな「演奏スタイル」なのかを区分する　「二区分/三区分/四区分」　……14
あなたという曲がどんな「シーン」で流れているかを示す　「ハウス」　……16
「シーン」の切り替わりを示すポイントが曲のテーマに影響を与える　「カスプ」　……17
10天体だけでなくさまざまな楽器が参加してあなたを奏でている　「小惑星」　……18
ソロ(独奏)ではなくハーモニー(重奏)でとらえることで
あなたという曲をより複合的に理解できる　「アスペクト」　……19
あなたのホロスコープを作ってみよう　……20
「アングル」を知ると新視点で自分がわかるようになる　……24

第 2 章　星たちが教えるあなたという人

あなたの人生を奏でる「楽器」　10天体を使いこなす　……26

月　……28	木星　……38
水星　……30	土星　……40
金星　……32	天王星　……42
太陽　……34	海王星　……44
火星　……36	冥王星　……46

星の「演奏スタイル」はあなたの性格　12星座(サイン)　……48

牡羊座　……50	天秤座　……62
牡牛座　……52	蠍座　……64
双子座　……54	射手座　……66
蟹座　……56	山羊座　……68
獅子座　……58	水瓶座　……70
乙女座　……60	魚座　……72

その楽曲が流れる人生の「シーン」　ハウスを知る　……74

- 1ハウス　……76
- 2ハウス　……77
- 3ハウス　……78
- 4ハウス　……79
- 5ハウス　……80
- 6ハウス　……81
- 7ハウス　……82
- 8ハウス　……83
- 9ハウス　……84
- 10ハウス　……85
- 11ハウス　……86
- 12ハウス　……87

天体のないハウスから新しい自分を知る　カスプ　……88

- 1ハウスのカスプ　……90
- 2ハウスのカスプ　……91
- 3ハウスのカスプ　……92
- 4ハウスのカスプ　……93
- 5ハウスのカスプ　……94
- 6ハウスのカスプ　……95
- 7ハウスのカスプ　……96
- 8ハウスのカスプ　……97
- 9ハウスのカスプ　……98
- 10ハウスのカスプ　……99
- 11ハウスのカスプ　……100
- 12ハウスのカスプ　……101

神話が教えてくれるあなたの本質　小惑星　……102

- セレス　……103
- パラス　……104
- ジュノー　……105
- ベスタ　……106
- キロン　……107

2つの楽器が奏でるより深いあなた　アスペクトを知る　……108

- 0度　コンジャンクション　……110
- 60度　セクスタイル　……111
- 90度　スクエア　……112
- 120度　トライン　……113
- 150度　インコンジャンクト　……114
- 180度　オポジション　……115

注目したいマイナーアスペクト　……116

角度なし　ノーアスペクト／45度　セミスクエア／
72度　クインタイル／135度　セスキコードレイト

COLUMN

- 人生のあらゆるシーンで心と向き合う　……118
- 星の並びは、あなたの心模様　……144
- 「今」を積み重ねた先に「未来」がある　……184

第3章　心と人生を映す星たちからのメッセージ

ホロスコープから自分をもっと深く知る　……120
月星座で読むあなた　あなたが悩みやすい事柄　……122
月星座で読むあなた　子どもの頃に無意識に期待しやすいこと　……124
水星星座で読むあなた　関心を持ちやすいこと　……126
水星星座で読むあなた　コミュニケーションの取り方の特徴　……128
金星星座で読むあなた　あなたの持つ魅力について！　……130
金星星座で読むあなた　自分の心を満たすために目指すべきセルフイメージ　……132
太陽星座で読むあなた　あなたらしく輝けているサイン　……134
火星星座で読むあなた　あなたの愛情の示し方　……136
火星星座で読むあなた　あなたが発するエネルギーの特色　……138
木星ハウスで読むあなた　不思議とチャンスが巡ってきやすい分野とは　……140
土星ハウスで読むあなた　時間をかけて上達させていけること　……142

第4章　ハウスを読んで自分の運気を知る

月で見る毎日の運勢　……146
日運の出し方　……147
　　日運で補助的に見たい星　水星＆金星　……160
週運、月運、年運の出し方　……162
金星で見る毎週の運勢　……163
　　週運で補助的に見たい星　水星＆火星　……170
太陽で見る毎月の運勢　……172
　　月運で補助的に見たい星　火星＆木星　……176
木星で見る毎年の運勢　……178
　　年運で補助的に見たい星　土星　……182

資料　月の運行表　……185

第 *1* 章

星はあなたの強い味方

10天体、12星座、ハウス、カスプ、アスペクト、小惑星、アングル。あなたという曲を奏でるための星占いの要素を覚えましょう。

星占いを活用することでもっと自分を好きになろう

あなたという旋律を奏でる楽譜
ホロスコープの仕組みを知ろう

星占いにおけるホロスコープは、あなたという存在を奏でる楽譜です。
10の天体という個性豊かな楽器たちが、12星座という演奏スタイルに従い、ハウスやカスプで響き合います。そこに小惑星やアスペクトの影響も加わり、かけがえのないあなたらしさが表現されていくのです。

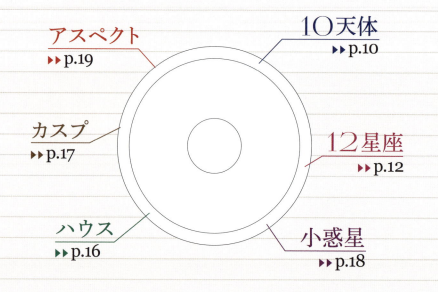

アスペクト
▶▶p.19

10天体
▶▶p.10

カスプ
▶▶p.17

12星座
▶▶p.12

ハウス
▶▶p.16

小惑星
▶▶p.18

ホロスコープが教えてくれること

1 自分と深く対話できる

10天体、12星座、ハウス、アスペクトといったホロスコープの基本要素を理解することで、自分自身とより深い対話を始めることができます。なぜ特定の場面で心が揺れ動くのか、どうして同じような出来事が繰り返されるのか。内側に隠れている感情や思考のパターンが星々の配置から少しずつ見えてくるでしょう。

2 新しい自分と出会える

カスプ、小惑星、感受点などの要素にも目を向けることで、思いがけない自分の一面に出会うことができます。「こんな面もあったんだ」「こんな可能性を持っていたんだ」という発見は、きっとあなたの世界をより豊かなものにしてくれるはずです。この本を通して、まだ知らない自分の魅力を見つけてみてください。

10天体

人生のシチュエーションに応じて

① 自分と深く対話できる

　月、水星、金星、太陽、火星、木星、土星、天王星、海王星、冥王星。<mark>占星術における10の天体を「楽器」だと考えてみましょう。</mark>オーケストラがさまざまな楽器で構成されるように、これら10の楽器が私たちの人生を彩っています。

　ある楽器は力強く情熱的な音を奏で、また、ある楽器は繊細で優美な音色を持っています。深い響きを持つ楽器もあれば、軽やかな音を奏でる楽器もあるでしょう。<mark>「演奏スタイル」はサインに沿い、ハウスという「場面」で響き合います。人生を重ねるごとに演奏は上達し、奏でる音色に深みが増すのです。</mark>

目立つ出番が多い

地球に近い ←--------------------------------

目立つ「楽器」が変わる

人生のあらゆる場面で、それぞれの音は調和し、あなたらしさを演出してくれます。新しい挑戦のときには情熱的な演奏が、静かな内省のときには繊細な音楽が……。自分でも気がつかないうちに、私たちは天体によって気分が変わり、気分に合わせた演奏がされているのです。予想外な音色を響かせていたんだと、後から気がつくこともあるかもしれませんね。==天体の違いと特性を知ることで、より自らの心をコントロールできるようになります。==

※一般的には月は衛星、太陽は恒星、冥王星は準惑星と呼ばれますが星占いの世界では「天体」として扱います。

① 自分と深く対話できる

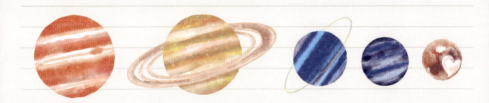

目立つ出番が少ない
地球から遠い

12星座

ときに激しくときに静かに
　　　　　　　人生の奏で方が

① 自分と深く対話できる

　<mark>10の天体という「楽器」が、どのように奏でられるのか。その響き方や表現を決めるのが、12星座（サイン）という「演奏スタイル」です。</mark>牡羊座から魚座まで、12の星座それぞれが持つ個性は、私たちの人生にさまざまな色を添えていきます。

　例えば、仕事のスタイルも星座によって異なります。双子座ならアイデアを次々と生み出し、山羊座なら一歩一歩着実に積み上げていく。恋愛や人間関係も、牡羊座なら一直線に突き進み、蠍座なら慎重ながらも狙い打つように。私たちの生き方は、それぞれの天体が入っている星座によって、多彩な表情を見せるのです。　プライベートでは、牡羊座のように恋も人間関係も一直線に突き進んだり、蠍座のように深い情で包み込んだり。<mark>私たちの生き方は、それぞれの天体が入っている星座によってさまざまな表情を見せるのです。</mark>

　同じ「楽器」でも、星座という「演奏スタイル」が変わることで、その響き方は大きく異なります。例えば、自分らしさを

刻まれた「演奏スタイル」

① 自分と深く対話できる

　表す「太陽」という楽器は、天秤座では他者との調和を保とうと、社交的に振る舞う一方、水瓶座では型にはまらない自由な発想を持ちます。また、内面を表す「月」という楽器も、乙女座では細やかな気配りや分析力となり、魚座では周囲の感情に寄り添う優しさとして表れるでしょう。私たちの個性は、星座の特性によって、異なる魅力を引き出されていくのです。

　さらに、12星座にはそれぞれの表現に違いがあります。「奇数星座」は能動的、「偶数星座」は受容的という区分があり、さらに「活動宮」「不動宮」「柔軟宮」の3区分や、「火」「地」「風」「水」の4つのエレメントによっても、星座の特徴は異なります。これらの違いは、まるで楽譜に書かれた強弱やテンポの指示のように、または気質や行動原理として個性をより豊かに際立たせてくれるものです。星座という「演奏スタイル」は、ときに激しく情熱的に、またあるときは静かに穏やかに、美しい旋律が奏でられるように、私たちの人生を豊かに盛り上げてくれます。

12星座

どんな「演奏スタイル」なのかを区分する

二区分（ポラリティ）

①　自分と深く対話できる

12星座は、「能動的」と「慎重・内向的」という対照的な性質によって分類されます。奇数星座は外向的で活動的。自ら積極的に動き、新しいことを始めるエネルギーに満ちています。偶数星座は内向的で、周囲の状況を敏感に察知しながら、じっくりと物事を進め、安定を重視する傾向があります。

奇数星座
- 牡羊座
- 双子座
- 獅子座
- 天秤座
- 射手座
- 水瓶座

偶数星座
- 牡牛座
- 蟹座
- 乙女座
- 蠍座
- 山羊座
- 魚座

三区分（クオリティ）

　活動的、安定的、柔軟性に富むという３つの性質によって分ける考え方です。活動宮は物事を推進する力を持ち、新しい流れを作り出します。不動宮は確実に物事を形にして維持する力を持っています。柔軟宮は状況に応じて柔軟に対応し、調整する力に優れています。

活動宮	不動宮	柔軟宮
牡羊座　蟹座　天秤座　山羊座	牡牛座　獅子座　蠍座　水瓶座	双子座　乙女座　射手座　魚座

① 自分と深く対話できる

四区分（エレメント）

　火地風水の４つのエレメントは、星座の個性をより立体的に表現し、私たちの人生に欠かせない要素を示してくれます。火の情熱、地の堅実さ、風の柔軟性、水の感受性。それぞれの性質が調和することで、私たちの人生はより豊かで多彩なものとなるのです。

火のエレメント	地のエレメント	風のエレメント	水のエレメント
牡羊座	牡牛座	双子座	蟹座
獅子座	乙女座	天秤座	蠍座
射手座	山羊座	水瓶座	魚座

ハウス

あなたという曲が どんな「シーン」で 流れているかを示す

① 自分と深く対話できる

　10天体という「楽器」が12星座という「演奏スタイル」に沿って奏でられる音楽は、12のハウスという「場所」で響き合います。==ハウスは、あなたという曲がどのような「シーン」で流れているのかを示してくれるのです。==

　第1ハウスから第12ハウスまでの12のハウスは、私たちの人生のあらゆる領域を表しています。例えば、自己表現に関する第1ハウス、コミュニケーションを表す第3ハウス、人間関係を象徴する第7ハウス、社会性を表す第10ハウスなど、それぞれのハウスが異なる側面を表現しているのです。

　私たちの日常には、常に音楽が流れています。家族や友人とリラックスしているときは第4ハウス、創造性を発揮したいときは第5ハウスというように、==それぞれのシーンに合ったBGMがあり、その「場所」を示しているのがハウスなのです。==

　ハウスを通して人生のさまざまな領域に意識を向けることで、より深く自分自身と向き合うことができるでしょう。

カスプ

「シーン」の切り替わりを示すポイントが曲のテーマに影響を与える

② 新しい自分と出会える

　ハウスは私たちの人生のさまざまな「シーン」を表していますが、各ハウスの始まりを示すポイントをカスプと呼びます。==カスプにある星座（カスプサイン）を見ることで、そのハウスのテーマにどのような性質が現れるかを知ることができます。==
　==また、カスプを支配する星（カスプの支配星）は、そのハウスのテーマがどのようなシーンで影響を受けるかを示唆します。==
　例えば、10ハウスのカスプの星座が牡羊座で、支配星が火星であり、1ハウスに滞在しているとします。この場合、社会的地位や名声といった10ハウスのテーマに対して、1ハウスの持つ情熱的でパイオニア的な性質を用いることで、仕事や目標に向けて勇気を持って行動することが後押しされるでしょう。
　==カスプサインとカスプの支配星を理解することで、自分の人生のテーマや物語を新しい視点から捉えることができます。==今まで気づかなかった自分の一面や、人生の転機となるシーンが見えてくるかもしれません。

小惑星

10天体だけでなく
さまざまな楽器が参加して
あなたを奏でている

②新しい自分と出会える

　10天体という主要な「楽器」に加えて、**小惑星という個性的な「楽器」もあなたという曲を奏でています。**

　小惑星は、古代の神々の物語を通して私たちの内面世界を映し出してくれます。**それぞれの小惑星が持つ神話のテーマは、あなたの人生における細やかな側面を表現しているのです。**

　例えば、セレスは母性愛や実りの象徴であり、パラス・アテナは知恵や戦略、正義を表します。ジュノーは夫婦の絆や愛情表現、ベスタは集中力や純粋さを象徴し、キロンは癒やしや教育の力を持っています。

　これらの小惑星の配置を読み解くことで、あなたの内面に隠れた可能性や課題、新しい一面を発見することができるでしょう。**10天体だけでは表現しきれない、あなたという曲の繊細なニュアンスや深みを、小惑星が教えてくれるのです。**

アスペクト

1 自分と深く対話できる

ソロ(独奏)でなく
ハーモニー(重奏)で
とらえることであなたという曲を
より複合的に理解できる

　10天体や12星座、ハウス、カスプといった要素は、あなたという曲を奏でる個々の「楽器」や「旋律」、「シーン」を表していますが、これらの要素同士の関係性を示すのがアスペクトです。<mark>アスペクトを理解することは、あなたという曲をソロではなく、ハーモニー(重奏)として捉えることです。</mark>人間の性格や心理は複雑なものですが、アスペクトを読むことで、その複雑さを多面的に紐解いていけるようになります。

　例えば、愛と美を象徴する金星と、情熱と行動力を表す火星が120度(トライン)の角度を成していれば、楽しいことに積極的に取り組み、パワーを発揮しやすいと解釈できます。一方、自己表現の太陽と、感情と内面を表す月が180度(オポジション)の関係にあれば、外に見せる顔と内側の感情との間で苦悩が生じやすい傾向があるかもしれません。<mark>天体同士の関係性を読み解くことで、あなたの内面や人生のテーマをより複合的に理解することができるでしょう。</mark>

あなたのホロスコープを作ってみよう

例：1990年3月24日生まれの人の出生ホロスコープ

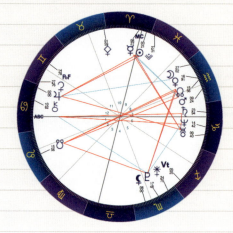

☽ 月	♒ 水瓶座	27.02	-11.54	8ハウス
☿ 水星	♈ 牡羊座	8.27	2.61	10ハウス
♀ 金星	♒ 水瓶座	16.91	-13.69	8ハウス
♂ 火星	♒ 水瓶座	9.24	-18.98	7ハウス
♃ 木星	♋ 蟹座	2.00	23.49	12ハウス
♄ 土星	♑ 山羊座	23.94	-21.12	7ハウス
♅ 天王星	♑ 山羊座	9.40	-23.40	6ハウス
♆ 海王星	♑ 山羊座	14.42	-21.81	6ハウス
♇ 冥王星	♏ 蠍座	17.48	-1.77	5ハウス R
ASC ASC	♋ 蟹座	20.97	0.00	1ハウス
MC MC	♈ 牡羊座	6.51	0.00	10ハウス
☊ ヘッド	♒ 水瓶座	15.56	-16.17	8ハウス R
☋ テイル	♌ 獅子座	15.56	16.17	2ハウス
⚳ セレス	♊ 双子座	27.76	28.95	12ハウス
⚷ キロン	♋ 蟹座	10.62	16.19	12ハウス
⚵ ジュノー	♏ 蠍座	24.75	-6.48	5ハウス R

1ハウス				
2ハウス	♌ 獅子座	12.07		☉ 太陽
3ハウス	♍ 乙女座	6.44		☿ 水星
4ハウス	♎ 天秤座	6.51	⚸ リリス	♀ 金星
5ハウス	♏ 蠍座	12.26	♇ 冥王星 ⚵ ジュノー Vt バ テクス	♇ 冥王星 ♂ 火星
6ハウス	♐ 射手座	18.77	♅ 天王星 ♆ 海王星	♃ 木星
7ハウス	♑ 山羊座	20.97	♄ 土星 ♂ 火星	♄ 土星
8ハウス	♒ 水瓶座	12.07	☽ 月 ♀ 金星	♅ 天王星 ♄ 土星
9ハウス	♓ 魚座	6.44	⚶ ベスタ ☉ 太陽	♆ 海王星 ♃ 木星
10ハウス	♈ 牡羊座	6.51	⚴ パラス ☿ 水星	♂ 火星
11ハウス	♉ 牡牛座	12.26	P.F パートオブ フォーチュン	♀ 金星
12ハウス	♊ 双子座	18.77	⚳ セレス ⚷ キロン ♃ 木星	☿ 水星

※一部画面を省略しています。

ホロスコープの出し方

1. 右のQRコードから「ARI占星学総合研究所 スターナビゲーター」にアクセス

2. 画面上部のボタンから「一重円」を選択

3. 氏名を入力する

4. 生年月日と出生時刻を入力する。
   ※出生時刻は母子手帳等で確認して、できるだけ正確な時間を入力しましょう。どうしても不明な場合は時刻不明を選択

5. 生まれた場所で都道府県を選択する。海外で生まれた場合は緯度経度から数値を入力

6. ハウスシステムを「プラシーダス」に変更

7. 「小惑星を表示」にチェックを入れ、ホロスコープを作成

提供：ARI占星学総合研究所

ARI占星学総合研究所のページで出した
ホロスコープを実際に書き写してみましょう。

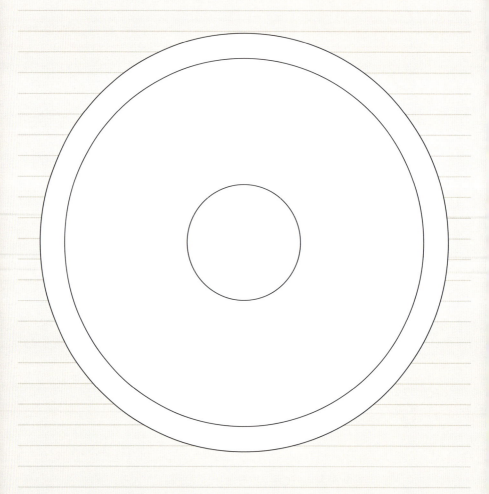

9 主要な天体のサインや滞在しているハウスを表に書き込んでみましょう。

天体	サイン	ハウス
月		
水星		
金星		
太陽		
火星		
木星		
土星		
天王星		
海王星		
冥王星		

アングル

「アングル」を知ると新視点で自分がわかるようになる

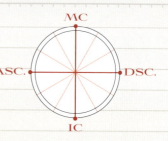

② 新しい自分と出会える

ASC アセンダント
本来の性質と印象

天体が昇ってくる地点（上昇点）であり、生まれ持った個性や、無意識のうちに外界に向けて発信している雰囲気を表します。ASCを理解することで、自分自身の核となる部分を知ることができます。また、人に与える印象や、自分の行動パターンを把握することもできるでしょう。

DSC ディセンダント
自分と他者との関係性

ASCの反対側に位置する天体が沈む地点（下降点）であり、他者とどう関わるかというテーマやパートナーシップのあり方を表します。DSCからは、自分が無意識のうちに求めている対人関係のパターンや直面する課題などを客観的な視点で読み取ることができます。

MC ミディアムコエリ
社会的な役割や目標

ホロスコープの天頂の正午にあたる地点（南中点）であり、自分自身の社会的な役割やどんな人生を送りたいかという目標、理想とするポジションや天職などを表します。MCからは、あなたがどのような分野で才能を発揮し、社会に貢献できるのかを知ることができます。

IC イマムコエリ
心の拠り所と安らぎ

ホロスコープの天底の真夜中にあたる地点（北中点）であり、その人の心の拠り所となる場所や、精神的な安定をもたらす環境を表しています。ICを読むことで、心の奥底で求めている安らぎや癒やし、自分らしくいられる空間について、理解を深めることができます。

第 2 章

星たちが教える あなたという人

「あなた」を構成するホロスコープの要素たち。
新しい自分を知る第一歩として、
それらの持つ意味や解釈を押さえていきましょう。

あなたの人生を奏でる「楽器」
10天体を使いこなす

それぞれの星には担当パートがある
シーンに応じて活用して

「私」の人生を一つの音楽作品に例えるなら、10天体はそれぞれの役割を持つ楽器のようなもの。楽曲がさまざまな音の響きによって成り立つように、私たちの個性や生き方も、10天体の影響を受けて形作られます。太陽は主旋律を担い、自分らしさや人生のテーマを響かせ、月は感情の揺らぎを表現します。水星はリズミカルに知性や言葉を運び、金星は愛や美を彩り、火星は力強いリズムで意志や行動力を示します。木星は広がりのある響きで成長を促し、土星はしっかりとした基盤を作ります。天王星は変化に富んだリズムを生み、海王星は幻想的な響きで夢や直感を広げ、冥王星は深く響く音色で変容と再生をもたらすのです。また、占星術には年齢域という考え方があり、天体の意識は段階的に開発されます。楽器を演奏する技術が時間とともに向上するように、人生を重ねることで10天体を上手に扱えるようになるのです。それぞれの役割を理解し、意識的に活用していきましょう。

人生の傾向を示す
個人天体

♀ **金星** Venus
喜びと楽しみ、人との調和を司る

♂ **火星** Mars
意欲や行動、情熱と挑戦を司る

☾ **月** Moon
無意識の感情を司る

☉ **太陽** Sun
人生のテーマや自己表現を司る

☿ **水星** Mercury
情報とコミュニケーションを司る

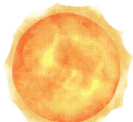

社会との関わりを示す
社会天体

♃ **木星** Jupiter
拡大と保護、チャンスと幸運を司る

世の中の流れを示す
時代天体

♅ **天王星** Uranus
型破りな発想や自己開拓を司る

♆ **海王星** Neptune
夢とロマン、無意識や神秘を司る

♄ **土星** Saturn
規律と責任、努力と試練を司る

♇ **冥王星** Pluto
変容と覚醒、感情の解放を司る

無意識の感情を司る

月
Moon

| 基本DATA | 公転周期 約28日 | KEYWORD 内面、感情、心の中 | 惑星記号 ☾ |

月が…

♈ 牡羊座にある
本能的に何かを追い求める欲求が強い。勝ち気で情熱的。エネルギッシュに挑んでいく大胆さと行動力がある。

♉ 牡牛座にある
安定した状況を無意識的に求める。美味しいものを食べ、音楽や芸術を鑑賞し、心豊かに暮らすことが喜び。

♊ 双子座にある
常に新しいことを本能的に求める。好奇心旺盛で感情も変わりやすく、じっとしていられない活発さがある。

♋ 蟹座にある
感情が豊かで保守的。共感力が強く、身近な人を大切にする。気分によって行動が左右されやすい傾向がある。

♌ 獅子座にある
自己表現したいという本能的欲求がある。自分をアピールし認められ、愛されることを無意識的に求めている。

♍ 乙女座にある
繊細でナイーブ。思慮深さがある一方で、純粋無垢でロマンチスト。無意識的に完璧さを求めてしまう。

♎ 天秤座にある
人間関係に調和を求め、社交的。感情が他者の影響を受けやすく、美意識が高い。バランスを取ろうと工夫する。

♏ 蠍座にある
心の奥深くでの強い絆を求める。秘密主義で直感が鋭く、極端な感情の波を持つことも。変容を経験しやすい。

♐ 射手座にある
本能的に自由を求める気持ちが強い。何事にも縛られない広い世界に憧れ、日常生活に変化と刺激を求める。

♑ 山羊座にある
常に秩序やルールを守ろうとする心理が働く。真面目で責任感も強い。社会的成功を望む潜在的な欲求がある。

♒ 水瓶座にある
感情を理性で整理し、独自の価値観を持つ。自由を好み、感情に縛られにくいが、突発的な気分の変化がある。

♓ 魚座にある
繊細で夢見がち。共感力が強く、他人の感情を吸収しやすい。どこか鈍感で現実との境界が曖昧になりやすい。

感情と無意識の導きを意識することで
自らの傷を癒やし、心満たされる人生に

　占星術において月は、感情、無意識、母性、本能的な欲求を象徴する天体です。太陽が理性や意志を示すのに対し、月は「気分や安心感のありか」を表します。月の位置するサインは、どのように感情を表現し、何に心の安定を求めるかを示し、ハウスは感情がもっとも強く働く場面を示します。また、月は幼少期の記憶や家庭環境とも関連し、過去の経験が現在の感情や対人関係にどのように影響を与えるかを読み解くカギとなります。

☾　月の年齢域　0〜7歳

　月の年齢域（0〜7歳）は、心の基盤が形成される重要な時期。幼少期に受けた愛情や経験は、生涯にわたり無意識の行動や感情のパターンとして表れます。その後の人格形成や価値観にも大きな影響を与えるのです。

この天体と神話

月は、夜空を照らす静寂の女神たち

　月にまつわる神話は世界各地に存在し、占星術においても重要な象徴です。ギリシャ神話では、月の女神セレーネが知られ、美しい青年エンデュミオンへの永遠の愛が語られています。ローマ神話ではルーナが月を司り、直感や感情と結びつけられます。また、アルテミス（ディアナ）は狩猟と純潔を象徴し、夜の守護者としての役割を担います。占星術において、月は感情や無意識、母性を象徴し、個人の内面的な反応や安心感を示す重要な天体です。

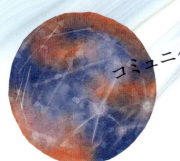

コミュニケーションや会話を司る

水星
Mercury

| 基本DATA | 公転周期 約88日 | KEYWORD | コミュニケーション、知性 | 惑星記号 | |

 水星が…

♈ 牡羊座にある
迷いが少なく決断が早いため、素早く態勢を立て直せる。変化が多く、的確な判断が必要な職業に適性がある。

♉ 牡牛座にある
ひとつの技術をマスターし、その分野のスペシャリストになれる。五感を活かした職種で才能を発揮できる。

♊ 双子座にある
知識欲が旺盛で、情報収集能力が抜群。コミュニケーション能力に優れ、場の空気を読み瞬時に対応できる。

♋ 蟹座にある
感情に基づいた思考をし、記憶力が優れる。言葉に温かみと親しさがある。感情に左右されやすい面も。

♌ 獅子座にある
創作活動に才覚あり。表現力も豊か。能力主義の職場や実力勝負の仕事を選ぶことで才能を存分に発揮できる。

♍ 乙女座にある
頭脳明晰で分析能力に優れている。理解力が高く、知識や仕事の習得が早い。正確さ重視の仕事に適性がある。

♎ 天秤座にある
社交センスがあり、どんな人でも対等に渡り合うことができる。交渉事に才能がある。考えや意見が客観的。

♏ 蠍座にある
物事を深く探求する。いつの間にかプロ並みの知識を身につけることも。鋭い洞察力で本物を見極められる。

♐ 射手座にある
自由で楽観的な思考を持ち、理想や哲学を語るのが得意。広い視野を持つが、細かいことを気にしない傾向がある。

♑ 山羊座にある
論理的で現実的な思考をし、計画的に物事を進める。慎重で責任感が強く、無駄のない表現を好む傾向。

♒ 水瓶座にある
独創的で発想力があり、理論的な思考を持つ。固定観念にとらわれないが、冷静すぎる印象を与えやすい。

♓ 魚座にある
直感的で感受性が豊か。抽象的な表現や芸術的な感覚に優れるが、論理的思考を窮屈に感じることもある。

本質的に備えている才能や技術力を活かして
社会貢献ができる

　水星は、知的能力を司り、あなたが本質的に備えている才能や興味を抱く分野、得意な技術力などを表します。また、言語能力やコミュニケーション能力、生きるための処世術や対人関係の取り方なども示唆します。これらの能力をうまく活用できれば、他人と上手にコミュニケーションをとることができ、多くの友人や支援者を得られるはずです。仕事でも能力をいかんなく発揮することで、着実に実力を伸ばし社会貢献ができるでしょう。

☾ 水星の年齢域　8〜15歳

　水星の年齢域（8〜15歳）は、いわゆる義務教育といえる期間にあたり、社会の中で生きていくための基礎力を育む時期。そのため、この時期に経験した出来事や感じたことは、その後の人生に大きな影響を与えます。

この天体と神話

水星は、神々の使者であり知恵の守護者

　水星は、ギリシャ神話のヘルメス（ローマ神話ではメルクリウス）と結びついています。ヘルメスは神々の伝令使であり、俊敏な知性と巧みな話術を持ち、交渉や商業の神としても知られています。彼は生まれてすぐに発明の才能を発揮し、竪琴を作り、機転を利かせて神々を欺くこともありました。占星術では、水星はこの神話の特徴を反映し、知性、言語、コミュニケーション、学習能力、適応力を象徴します。柔軟で素早い思考の象徴として、水星は個人の知的活動や対人関係に深く関わる天体です。

楽しみや恋、人との調和を司る

金星
Venus

| 基本DATA | 公転周期 約225日 | KEYWORD 恋愛、美意識、調和 | 惑星記号 |

― 金星が… ―

♈ 牡羊座にある
情熱的で激しい恋愛を好む。言い寄られる恋に関心はなく、自分が追いかけたいと思う相手に魅力を感じる。

♉ 牡牛座にある
安定した恋愛を好む。一緒にいて安心できる人と穏やかな恋がしたい。一度好きになると長い期間想い続ける。

♊ 双子座にある
刺激的で変化のある恋愛を求める。一緒にいるといろんなことが体験できて楽しい、と思える人との恋が理想。

♋ 蟹座にある
愛情深く、安心感を求め、身近な人に尽くす。感情が豊かで、愛情表現は温かく優しいが、依存的になることも。

♌ 獅子座にある
ドラマチックな恋愛を好む。恋によって劇的に変わり、驚くほど大胆になって相手にのめり込んでいく。

♍ 乙女座にある
純粋な愛情を持ちながら、現実的な恋に目を向ける。堅実で相手に経済力やステイタスを求める傾向も。

♎ 天秤座にある
恋の駆け引きが得意。相手の情熱をかき立てるのは朝飯前。愛するより、愛されることに喜びを感じる。

♏ 蠍座にある
恋愛に深い絆を求め、相手と一体感を得ることに喜びを感じる。本気になれる人が現れるまで独りでも平気。

♐ 射手座にある
情熱の赴くまま、奔放な恋に身を投じる。全身全霊で愛情表現をし、愛する人だけを真っ直ぐに見つめる。

♑ 山羊座にある
お互いを認め合い、尊敬し合える大人の恋が理想。深く長く愛し続け、滅多なことでは心変わりをしない。

♒ 水瓶座にある
常識に縛られないため、ユニークな恋になるのが特徴。個性的なパートナーと対等で友愛的な関係を築く。

♓ 魚座にある
恋愛至上主義。仕事や友情よりも、常に恋愛を優先する。身も心も一心同体になることに究極の愛情を感じる。

心地よさを大切にすることで、
人生はより豊かになっていく

　金星は、愛情、魅力、美意識、喜び、人間関係、豊かさを象徴する天体です。金星の位置するサインは、どのように愛を表現し、何に喜びを感じるかを示し、ハウスは愛や楽しみを求める領域を示します。また、芸術的な感性や美的センス、金銭感覚にも影響を与えます。恋愛や社交性を司るため、金星の性質が強い人は、人との関わりを大切にし、調和を求める傾向があります。人生の楽しみ方や心地よい関係を築くカギとなる天体です。

金星の年齢域　16〜25歳

　金星の年齢域（16〜25歳）は、人との関わりを通じて愛や美、楽しみを学ぶ時期です。学校生活や部活動、新社会人としてのデビューなど、さまざまなことから自分の魅力や価値観を形成し、美的感覚や金銭感覚も発達させます。

この天体と神話

金星は、愛と美を司る魅惑の女神

　金星は、ギリシャ神話ではアフロディーテに対応します。アフロディーテは、ウラノス（天空神）の血と海の泡から生まれたとされ、美と魅力を司る存在として崇拝されました。彼女は戦神アレス（火星）との情熱的な恋愛を持ち、愛と欲望の象徴とも知られています。占星術において、金星は「愛・美・調和・喜び」を象徴し、人との関係や芸術的な感性、そして、美と豊かさを感じるための感受性そのものなのです。

人生のテーマや自己表現を司る

太陽
Sun

| 基本DATA | 公転周期 **1年** | KEYWORD 自分自身、人生 | 惑星記号 |

―― 太陽が… ――

♈ 牡羊座にある
行動とやりがいで輝く。自ら道を切り開き、人とのご縁に心を温めることで、持ち前の力強さが発揮される。

♉ 牡牛座にある
抜群の安定感が魅力。努力を重ね、確実に成果を築く力を持ち、美的感覚や五感を活かすことで才能が輝く。

♊ 双子座にある
知的好奇心と柔軟な発想が輝くカギ。情報収集能力に優れ、知識を巧みに操ることで、多彩な才能を発揮する。

♋ 蟹座にある
共感力と温かさが輝く要素。家族や仲間を大切にし、支え合うことで、深い絆を築き、安心感を与えられる。

♌ 獅子座にある
自尊心と自分らしさで輝く。自らの心にウソ偽りのない態度と、自分に正直な行動力が成功を掴むカギとなる。

♍ 乙女座にある
分析力と実務能力が強み。丁寧さと繊細さが評価される。なりたい自分像を固め、己のエゴを許すことで輝く。

♎ 天秤座にある
センスと人間力で輝く。持ち前の人のよさを理解してくれる人間関係が大事。洗練された魅力を発揮できる。

♏ 蠍座にある
深い洞察力と集中力が強み。物事の本質を見抜き、揺るがぬ意志を徹底的に貫くと、唯一無二の存在に。

♐ 射手座にある
自己決定が輝く秘訣。広い視野で世界を眺め、柔らかい心と頭でいることで、幸福と気づきを手に入れられる。

♑ 山羊座にある
すべての経験があなたの強み。学びを活かし、大きく進化する力があり、安定した成功を築くことが実現する。

♒ 水瓶座にある
あなたの夢と希望のすべてが個性。独創性を活かすことで、あなただけの幸福の輪郭を把握していけるのです。

♓ 魚座にある
感受性と想像力があなたの強み。そして優しさの理由です。あなたにしか描けない幸福論があります。

個性や才能を最大限に活かし、
充実した人生を創り上げる力を表す

　太陽は、自分らしく生きるための力やエネルギーを象徴します。それは、自分が目指す生き方や人生の目標、そしてそれを達成するための方法を示しているとも言えるでしょう。例えば、障害を乗り越えて未来へ進む力や、理想を追求しながら自分を鍛え上げていく意志も、太陽が授ける恩恵のひとつです。太陽がもたらす力を知ることで、自分らしい生き方がより明確になります。自分に与えられた太陽の力を、改めて見つめ直してみましょう。

☾ 太陽の年齢域　26～35歳

　太陽の年齢域（26～35歳）は、自分らしさを確立する時期です。社会の中で自分の価値を発揮し、主体的に生きる一方で、現実の厳しさや挫折を経験することもあります。能動的に行動し、自らの人生を切り開いていけるときです。

この天体と神話

太陽は、天空を駆ける光の神

　太陽は、ギリシャ神話ではヘリオス神です。ヘリオスは太陽そのものを神格化した存在であり、黄金の馬車を駆って天空を巡り、誓いや秘密を見抜くすべてを見通す存在ともされていました。後に、光や知恵、芸術を司る神アポロンが太陽神の側面を担うようになったとされています。占星術において、太陽は「自己・生命力・創造・中心的な存在感」を象徴し、自己の輝きを発揮することで、主体的に人生を切り開く力を授ける存在とされています。

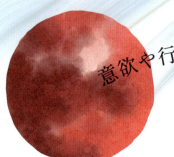

意欲や行動、勝利など情熱を司る

火星
Mars

| 基本DATA | 公転周期 約687日 | KEYWORD 闘い、怒り、積極性 | 惑星記号 ♂ |

 火星が…

♈ 牡羊座にある
目標を定めたら一心不乱に突き進み達成していく。ライバルや敵を躊躇なく蹴落とす。野性的な強さがある。

♉ 牡牛座にある
忍耐強く、粘り強い行動力を持つ。目標達成には時間がかかるが、着実に進む。自分のこだわりを重視する。

♊ 双子座にある
ふたつの物事を同時進行で叶えてしまう巧みさと器用さ。欲しいものに近づく最短距離を計算する能力がある。

♋ 蟹座にある
自分の弱さを認めている。その分、足りない部分を補い勝利するために、他人の力を借りる知恵と勇気がある。

♌ 獅子座にある
自分にしかできないスタイルを確立する。正々堂々と理想に向かって突き進んでいく。生き様を誇示する。

♍ 乙女座にある
欲しいものを手に入れるためなら念入りな作戦を立てる。純粋さや弱さを武器にして戦うしたたかさがある。

♎ 天秤座にある
本当に欲しいものを見つけると、絶妙な駆け引きをする。目的達成のためなら、敵を味方につけることも。

♏ 蠍座にある
強いオーラやフェロモンを内側から発する。こと恋愛の場面では、ライバルを萎縮させて勝利を手に入れる。

♐ 射手座にある
パワーを奔放に使いがち。気まぐれで無邪気。活発さと高揚感に満ちたパワーで夢や理想を現実にしていく。

♑ 山羊座にある
遠回りでも着実に歩みを進めて、確実に目的を追い詰めていく。大きな野望を成し遂げる力を備えている。

♒ 水瓶座にある
独自の価値観。他人とは違うやり方や発想を発揮して欲しいものを手に入れる。志の同じ仲間との共闘は◎。

♓ 魚座にある
直感的で感受性が強く、情熱を胸の内で燃やす。迷いながらも創造性や精神的な目標に向かって動き力を発揮する。

ポジティブに目的へ突き進み、目標に到達することができる

　火星は、欲しいものを自らの力で手にするための行動力を授けてくれます。そのエネルギーをうまく活用すれば、やがて目標を達成することができるでしょう。火星は、あなたの強い味方となる行動力の源であり、どのような戦略を得意とするのか、どんな状況で不満を感じやすいのかを示します。これらを理解し、自分に合った行動パターンを知ることで、より効果的に人生を切り開き、有利に進めることができるでしょう。

☾ 火星の年齢域　36〜45歳

　火星の年齢域（36〜45歳）は、情熱を持って行動を起こし、自分の目標に向かっていく力が鍛えられます。また、挑戦と忍耐のバランスを学び、効率的なエネルギーの使い方を身につけることで、人生を充実させていける時期です。

この天体と神話
火星は、戦と情熱の勇猛な戦神

　火星は、ローマ神話における戦の神であり、ギリシャ神話ではアレスに対応します。アレスは破壊的な一面を持ちながらも、戦士としての勇気と力強さを体現する存在です。彼はヴィーナス（アフロディーテ）との間に子をもうけ、情熱と衝動の象徴ともされています。占星術において、火星は「行動・エネルギー・闘争心・欲望」を象徴し、目的に向かって進む力として、積極性や決断力を示す重要な天体とされています。

拡大と保護、チャンスと幸運を司る

木星
Jupiter

| 基本DATA | 公転周期 **約12年** | KEYWORD 拡大、発展、幸運 | 惑星記号 ♃ |

 木星が…

♈ 牡羊座にある
直感的にチャンスを掴める。大胆で行動力があり、挑戦を恐れない。勢いだけで突き進みやすい一面も。

♉ 牡牛座にある
最後の粘りが幸運につながる。着実な歩みこそが成功のカギ。努力と幸せの追求は決して無駄にはならない。

♊ 双子座にある
軽快さとコミュニケーションがカギ。人脈と見聞を広げることが恋やビジネスのチャンスを得るきっかけに。

♋ 蟹座にある
人との深いつながりが幸運を引き寄せる。家族や身近な人との絆を大切にし、思いやりのある行動が◎。

♌ 獅子座にある
持ち得る能力や特技、魅力を自ら周囲へアピールする。謙遜するよりも、堂々と自慢したほうがいい。

♍ 乙女座にある
何事にも誠実さをもって取り組むこと。他人が手抜きをしがちなことほど、こだわりと誠意をもって対処を。

♎ 天秤座にある
自分磨きを怠らないこと。センスを磨き、容姿や魅力を磨き、社交術を磨けば、恋も仕事も思いのままに。

♏ 蠍座にある
愛と強い意志が幸運のカギ。物事を深く掘り下げ、人との信頼関係を築くことで、大きな変容と成功を得る。

♐ 射手座にある
チャレンジ精神を失わないこと。つい躊躇してしまいがちなことほど、思いきって決行することが未来を開く。

♑ 山羊座にある
小さな目標や願いをひとつずつ叶えていくこと。その積み重ねが自信と実力となり、確かな幸運につながる。

♒ 水瓶座にある
まずは常識を疑ってみること。社会の歪みや偏見と闘う勇気を持ち、自分らしい生き方を見出すことが大事。

♓ 魚座にある
優しい気持ちを忘れないこと。幸運を直観的に感じ取るセンサーを働かせ、リラックスを心がけましょう。

楽観的な姿勢と経験の積み重ねが成長やチャンスを引き寄せ、さらに豊かな人生へと後押しする

　木星は、人生において大きな発展やチャンスの機会を引き寄せます。木星の位置を知ることで、可能性が広がりやすい分野を把握し、自らの成長につなげることができるのです。そのエネルギーを活かすには、自分の資質を信じ、学びや経験を積み重ねることが必須条件。また、楽観的な姿勢や人との交流を大切にすると、チャンスに恵まれやすくなります。木星の力を意識し前向きに行動することで、人生をより豊かにすることができるでしょう。

木星の年齢域　46〜55歳

　木星の年齢域（46〜55歳）は、幼少期の月、自己確立の太陽、そして火星の挑戦を経て、培った知識や経験が成熟する時期です。この時期には、自分自身の成長を実感しながら、周囲と知恵を分かち合えることでしょう。

この天体と神話

木星は、神々の王と繁栄の象徴

　木星は、ローマ神話における最高神であり、ギリシャ神話ではゼウスに対応します。ゼウスは、父クロノス（土星）を倒してオリンポスの支配者となりました。ゼウスは正義と秩序を司り、神々や人間に恩恵をもたらしたのです。占星術において、木星は「拡大・発展・幸運・寛容」を象徴し、人生における発展やチャンスを示します。また、知識や信仰、道徳といった高次の学びにも関係し、前向きな姿勢が運を引き寄せていくでしょう。

努力と責任、制限や試練を司る 土星 *Saturn*

| 基本DATA | 公転周期 約29.5年 | KEYWORD 試練、制限、課題 | 惑星記号 ♄ |

 土星が…

♈ 牡羊座にある
他人に負けることの恐れや他人を打ち負かすことの恐れなど、戦うことに対するコンプレックスを作り出す。

♉ 牡牛座にある
安定を好むがゆえに喪失を恐れる。冒険を避けるため、真剣な恋や結婚、財を成す気持ちを抑圧してしまう。

♊ 双子座にある
表現力に自信を持ちにくい傾向が。深い洞察力から言葉選びに慎重になり、疑いやすくなってしまうことも。

♋ 蟹座にある
素直に表現するのが苦手で人間関係や家庭に対して重く考える。心の安定を得られるまで、不安になりやすい。

♌ 獅子座にある
人から認められないことへの恐れが強い。そのため服装や話し方を派手にして注目を集めようとする傾向が。

♍ 乙女座にある
潔癖ゆえに完璧ではない自分への罪悪感を持ちやすい。周りの期待に応えられないと自己否定感に襲われがち。

♎ 天秤座にある
自己アピールをせず、譲ってしまいがち。協調と自立のバランスを学ぶことで、公平な判断力を磨く。

♏ 蠍座にある
人を信用することへの恐れを生みがち。恋人や親友に裏切られる経験をすると他者に対する猜疑心が深まる。

♐ 射手座にある
未知への恐怖が根底にある。そのため不満を持ちつつも、現状の恋や仕事に甘んじてしまう傾向が少なくない。

♑ 山羊座にある
努力が報われないことを恐れる。負けた経験がコンプレックスとなり、何をやっても本気になれないことが。

♒ 水瓶座にある
社会との折り合いに苦労しやすい。孤独を感じながら経験を積むことで、革新的な考えを現実化する力を培う。

♓ 魚座にある
心のつながりの断絶を恐れる。相手に嫌われたくない気持ちから、人づき合いに無駄な時間を費やしがち。

試練や困難を通じて鍛えられ、
確かな自分の基盤を築いていく

　土星は、制限や限界を司り、強い自分を作るための力を与えてくれる星です。この土星の力を活用すれば、たとえ困難が訪れたとしても、あなたは痛みや苦しみを乗り越えることができるでしょう。土星とは、試練を通じてあなたを鍛え上げ、社会の中で確かな自分の基盤を築く手助けをしてくれます。また、苦手意識を持っているもの、人より時間をかけなければできないことも、土星のパワーを活かせば特技へ変えることが可能なのです。

土星の年齢域　56〜70歳

　土星の年齢域（56〜70歳）は、自分の人生を総括し、自分なりの結論を出す時期です。実際の年齢を鑑みても人生における清算期といえ、精神的にゆとりがあった木星期に比べ、少々気が引き締まる時期といえます。

この天体と神話

土星は、試練を乗り越える偉大なる神

　土星は、ギリシャ神話ではクロノスです。クロノスは、父である天空神ウラノスを倒し、ティタン神族の王となりましたが「自らの子に王座を奪われる」という予言を恐れ、生まれた子を次々と呑み込んでいきました。しかし、ゼウス（木星）が母の策によって生き延び、オリンポスの神々の時代が始まったのです。　占星術において、土星は「試練・制約・責任」を象徴し、困難を乗り越えることで成熟や成功へと導く天体とされています。

個人主義的な自由と革命を司る

天王星
Uranus

| 基本DATA | 公転周期 約84年 | KEYWORD 改革、革命、自由 | 惑星記号 ♅ |

― 天王星が… ―

♈ 牡羊座にある
革命家のように自らの意志で道を切り開く。型破りな挑戦を恐れず、既存の枠組みを壊す力を持っている。

♉ 牡牛座にある
価値観や経済の変革者気質。物質的な安定にとらわれず、新しい資産運用やライフスタイルを創造する。

♊ 双子座にある
知的革命の担い手かも。斬新なアイデアを生み出し、情報やコミュニケーションのあり方に変化をもたらす。

♋ 蟹座にある
家族や共同体のあり方を革新する。既成概念を刷新し、新しい家庭観や感情のつながりを築いていけるかも。

♌ 獅子座にある
自己表現と創造性の革命家タイプ。独自のスタイルで注目を集め、リーダーシップの新たな形を模索する。

♍ 乙女座にある
労働や健康のシステムを改革。効率的な働き方や医療の発展に関心を持ち、現実的な変革を推進する。

♎ 天秤座にある
人間関係やパートナーシップの概念を覆す。公平性を求めながら、自由な恋愛や新しい社会構造を模索する。

♏ 蠍座にある
権力や精神世界の革命を推進。社会の深層に切り込み、タブーを打破し、極端な変革を起こしていくかも。

♐ 射手座にある
思想や教育の枠を超える挑戦者気質。自由な学びや哲学を重視し、文化や宗教の枠組みに風穴を開けていく。

♑ 山羊座にある
社会制度や伝統の改革者。権威や組織の構造を見直し、新しいビジネスや政治の形を模索していく。

♒ 水瓶座にある
未来を切り開く革新的な思想家。テクノロジーや自由なネットワークを活用し、新時代の理想を掲げていく。

♓ 魚座にある
精神性や芸術面での革命。現実を超えた視点から新しいインスピレーションを受け、夢の具現化を試みる。

常識を打ち破るとき、
天王星のパワーを感じ取ることができる

　天王星は、個人的な自由や改革と革新を司る星です。その意味から、この天王星のパワーを使いこなすことは、そう簡単なものではないと言っていいでしょう。しかし、これまでの常識や価値観、社会の構造を打ち破ろうとするのなら、そのとき、あなたの内なる天王星の力をはっきりと感じ取ることができるに違いありません。天王星は、個人的な自由、発明や改革、発見や変化を司り、そのパワーは常に未来へと向けられているのです。

🌙 天王星の年齢域　71〜84歳

　天王星の年齢域（71〜84歳）は、社会の規律や常識、秩序といったこれまでの制約や固定観念を超え、新しい視点や独自の生き方を模索することで、精神的な解放や真の自己表現を追求していく段階といえます。

この天体と神話

天王星は、天空の神と創造の原点

　天王星は、ギリシャ神話において天空の神ウラノスであり、クロノス（土星）の父です。ウラノスは自身の子を恐れ、地中に閉じ込めました。しかし、最終的にはクロノスにより撃ち倒され、神々の支配が変わるきっかけとなったのです。この神話から、天王星が「革命・変革・予測不能な変化」を象徴するきっかけとなりました。伝統や制約を打破し、独立と自由を求めるときにこそ、天王星はもっとも輝き、革新の力を実感できるのだと思います。

夢とロマン、無意識や神秘を司る

海王星
Neptune

基本DATA			
公転周期 約165年	KEYWORD	ロマン、理想、無意識	惑星記号

― 海王星が… ―

♈ 牡羊座にある
熱狂への陶酔。スポーツ観戦など気持ちが熱く燃え上がる趣味を好む。それが高じると戦闘を好む傾向も。

♉ 牡牛座にある
美食や音楽など五感を酔わすものを好む。優れた文化を生み出せる反面、不健全な暮らしに安住しやすい面も。

♊ 双子座にある
言語的な能力やコミュニケーション力を活かした娯楽を作り出せる。優れた文化を愛する思いを持つ。

♋ 蟹座にある
ロマンチックな雰囲気やイマジネーション豊かな世界を好む。感情に流され、現実が見えなくなる傾向も。

♌ 獅子座にある
建設的な挑戦に熱狂する。恋愛に崇高さやドラマ性を求める気持ちが強い。根底に利己的な独裁性がある。

♍ 乙女座にある
完璧な世界が理想。天才と称される存在に心酔する。純粋なものへの憧れが強く、純愛や清貧を美徳とする。

♎ 天秤座にある
洗練への憧れが強く、王族や皇族を崇拝する。反面、自分の生まれにコンプレックスを抱く傾向がある。

♏ 蠍座にある
未知なるものに憧れる。魔術的、霊的なものを信仰しやすい。オカルトやスピリチュアルなものが好き。

♐ 射手座にある
放浪の旅を続けるような生き方。宇宙への期待や憧れを持つ冒険家。社会制度や風習に不満を抱き壊したがる。

♑ 山羊座にある
社会的成功や秩序に幻想を抱き、権威に酔いやすい。理想の形を追い求めるが、厳しすぎて息苦しくなるかも。

♒ 水瓶座にある
国や性別を超えて共通の趣味や主張でつながった仲間を愛し、そこで生まれた連帯感に夢を託そうとする。

♓ 魚座にある
自己犠牲的な愛に陶酔しがち。非日常的な場に置かれると集団で社会のルールからはみ出す危険性がある。

夢や無意識といった
実体のない心の世界を広げる

　天王星よりも、さらに外側に発見された天体が海王星です。太陽の周りを一周するのに165年もかかります。そんな海王星は、夢や無意識、幻想や陶酔といった実体はないけれど、心や意識の世界を広げる役割を持っており、慈善や奉仕、自己犠牲の精神にも関係します。また、不確定で不鮮明な星でもあり、海王星のもとで起きる事柄は、理想的な結果でありつつも幻滅を含んでいたり、結果が漠然としやすいという傾向が。

☾ 海王星の年齢域　85歳〜

　海王星の年齢域（85歳〜）は、社会的な役割から離れ、現実から解放される時期です。人生の集大成として、よりよい未来を夢見たり、精神的な世界へと意識が向かうことが多くなっていくでしょう。

この天体と神話

海王星は、海と幻想を支配する神

　海王星は、ローマ神話における海の神であり、ギリシャ神話ではポセイドンに対応します。ポセイドンは強大な力を持つが、気まぐれで激情的な性格とされ、嵐を引き起こす一方で、穏やかな海をもたらす存在でもありました。占星術において海王星は「夢・幻想・霊性・直感」を象徴し、現実を超えた世界とのつながりを示します。インスピレーションや芸術性を高めながらも、混乱や曖昧さ、不安に陥ることも暗示しているのです。

死と再生、消滅や改革を司る
冥王星
Pluto

| 基本DATA | 公転周期 約248年 | KEYWORD | 死と再生、変容 | 惑星記号 | ♇ |

――― 冥王星が… ―――

♈ 牡羊座にある
戦争や闘争という経験でしか得られない、真実や人間のあり方への気づきを得る。建設的な思想が生まれる。

♉ 牡牛座にある
実験的な試みで人間や世界の探求が行われる。命を犠牲にするなど心の痛い経験から大きな人類の進歩を得る。

♊ 双子座にある
知的好奇心の先に待ち受ける、思わぬ犠牲を通じて人生観を変化させていく。そして、それを後世へ伝える。

♋ 蟹座にある
大切なものを無理やりにでも手放さなくてはならない経験。その思いこそが、強い未来を生み出すことになる。

♌ 獅子座にある
自分を犠牲にして社会や命を守らなくてはならないという苦しい体験。個人のあり方を考え直す思想が現れる。

♍ 乙女座にある
大切なものを失っても全体のためには致し方ない、という苦渋の決断。細部へのこだわりが犠牲になる。

♎ 天秤座にある
愛すべきものを喪失する悲嘆的な出来事を乗り越え悲しみを共有し、励まし合い支え合うことの尊さに気づく。

♏ 蠍座にある
破壊により一瞬のうちに荒野が作られる反面、荒れ地からは、新たな生命や社会、価値観が生まれ出る。

♐ 射手座にある
限界突破しようとする挑戦や冒険的な取り組みに犠牲が伴う。その体験から新たな倫理観や哲学が生まれる。

♑ 山羊座にある
積み重ねてきた成果が、新発見によって崩壊する。常識が覆されるとともに、新たな価値観が生まれる。

♒ 水瓶座にある
信じていた社会の裏側にあった不正が暴かれる。怒りや失望を乗り越えて、真の自由や平等を模索する。

♓ 魚座にある
裏切りや騙されることなどでショックを受ける。その体験からつき合い方や信じ方、心の共有方法を探っていく。

物事を根底から破壊し、再生するパワーを持つ

　冥王星は、自らを奈落の底に落とし込み、そこから見事にはい上がってくるような人生の変容を促す星です。冥王星のもとに起こる事柄に抗うことはできず、物事の本質を根本から覆すような徹底的な変化が生じることでしょう。物事を根底から破壊し、再生するパワーを持つのが冥王星なのです。その力をうまく活用すれば、思いがけないときに意外な力を発揮したり、人格や境遇が一変するような特異な発展を遂げたりするでしょう。

☾ 冥王星の年齢域　死後？

　冥王星を感じられるときは、価値観が根底から変わるとき。仕事や人間関係などで深い挫折を経験し、人生の方向性を見失うこともあります。しかし、試練を乗り越えた先には、より本質的で力強い人生へと生まれ変わります。

この天体と神話

冥王星は、冥界を統べる変容の神

　冥王星は、ローマ神話における冥界の神であり、ギリシャ神話ではハデスに対応します。ハデスは、ゼウス（木星）、ポセイドン（海王星）とともに宇宙を支配する三大神の一柱であり、死と再生を司る存在です。ペルセポネを冥界へ連れ去り、四季の循環を生み出した話が有名でしょう。占星術において、冥王星は「死と再生・変容・破壊と再構築」を象徴し、個人の限界を超え、真の力を発揮するための試練を与える天体とされています。

星の「演奏スタイル」はあなたの性格 12星座(サイン)

星座ごとの性質を知ると他人とも自分ともうまくつき合える

　西洋占星術では、太陽の通り道（黄道）を12個の領域に分割しています。言うなれば、それは演奏スタイル。それぞれに牡羊座、牡牛座、双子座、蟹座、獅子座、乙女座、天秤座、蠍座、射手座、山羊座、水瓶座、魚座の12星座が振り分けられており、牡羊座なら積極的でストレート、牡牛座ならマイペースでこだわり派……というように、各星座に性格的な特徴が備わっています。この**12星座の特徴をおさえておけば、自分自身の性質や行動原理を客観的に理解できるのはもちろん、相手のことも理解できるようになるでしょう。**

　また、いわゆる星占いで言う「星座（太陽）」だけで見るのではなく、どの位置に惑星（月、水星、金星、太陽、火星、木星、土星、天王星、海王星、冥王星の10天体）があるかによって、仕事や恋愛、人間関係などのシチュエーションごとに基本的な性質、そして運命までも詳しく読み解くことができ、本当の意味で自分らしく生きることができるようになります。

12星座はひとつの交響曲 すべての旋律に耳を傾けてみよう

牡羊座から始まる序章は力強く、旅を続けるごとに旋律が変化し、魚座でクライマックスを迎えます。そして再び牡羊座へと戻り、新たなフレーズが始まるのです。全ての段階は12星座に例えることができます。終わっては始まるサイクルの秘密を、星座（サイン）から見ていきましょう。

Aries 牡羊座 — I am / 我あり / 情熱的な曲調

Taurus 牡牛座 — I have / 所有 / 落ち着いた曲調

Gemini 双子座 — I think / 我思う / 軽快な曲調

Cancer 蟹座 — I feel / 共感 / 柔和な曲調

Leo 獅子座 — I will / 意志 / 勇壮な曲調

Virgo 乙女座 — I analyze / 分析 / 静謐な曲調

Libra 天秤座 — I balance / 比較と計量 / 穏やかな曲調

Scorpio 蠍座 — I desire / 私は求める / メロウな曲調

Sagittarius 射手座 — I understand / 理解 / 遊び心のある曲調

Capricorn 山羊座 — I use / 使役 / 堂々とした曲調

Aquarius 水瓶座 — I know / 周智 / 希望に満ちた曲調

Pisces 魚座 — I believe / 私は信じる / 幻想的な曲調

牡羊座
Aries
3/21〜4/19

基本DATA

- ◆ ポラリティ　　奇数星座
- ◆ クオリティ　　活動宮
- ◆ エレメント　　火
- ◆ 支配星　　　　火星
- ◆ カラー　　　　赤
- ◆ 宝石　　　　　ルビー

KEYWORD

情熱、熱血、刺激、親しみのあるもの、闘争心、戦闘力、エネルギッシュ、野心、はっきり、正直者、新しいもの、ポジティブ、積極的、ストレート、スピード、挑戦

優れた瞬発力と
使命を果たすようなひらめきが持ち味

　牡羊座は、始まりの星座とされ、澄み切った生命力と純粋さのある情熱が特徴的です。天啓を受けたかのようにひらめき、心躍る方向へとわき目も振らずに、一直線に走っていきます。非常に積極的で チャレンジ精神が旺盛なため、行き当たりばったりに見えてしまうかもしれませんが、本能的な勝負運の持ち主で、不思議と危険を回避していけます。誰かの思惑通りには動かされず、自らが行動することで、独自の答えを見つけ、唯一無二の輝きを放ちます。勢いがあるため、力強い印象を抱かれがちですが、実は繊細で、一度信頼したものを手放しにくい、そんな寂しがり屋な一面も。

牡羊座の太陽と月星座の組み合わせから
あなたの印象や雰囲気を詳しく見ていきましょう

― 牡羊座の太陽と… ―

♈ 牡羊座の月
直感的で行動力があり、感情もストレート。思いつきで動きやすく、行動力を褒めると伸びる。衝動的に動いてしまうときもある。

♉ 牡牛座の月
意志が強く粘り強い。行動力と慎重さを兼ね備え、じっくり進めていける。クリエイティブな才能があり、負けず嫌いな一面も。

♊ 双子座の月
好奇心旺盛で軽快な行動力を持つ。柔軟で機転が利き、フットワークが軽い。飽きやすい一面もあるが、ふと再開させたりする。

♋ 蟹座の月
情熱的で刺激を好むが繊細な一面も。家族や身近な人を大切にし、感情の揺れが行動に影響しやすい。情に脆くて厚い傾向。

♌ 獅子座の月
自信と情熱に満ち、自主性を発揮する。目立つことが好きで、自分を表現する力が強くなる。何故かリーダー役を任されやすい。

♍ 乙女座の月
行動力がありつつ、細かい部分にも気を配る。慎重さと情熱のバランスを取ることで成長していく。損得ではなく独自の価値観。

♎ 天秤座の月
視野が広く、積極的で社交的。人間関係を重視しながらも、自分の意見を貫くバランス感覚に優れている。暴走モードあり。

♏ 蠍座の月
情熱的で意志が強く、一度決めたことは貫いていく。感情を内に秘めながらも、深い思いを持ち、一度感じた恩義は絶対。

♐ 射手座の月
尽きることのない冒険心を抱く。行動的で楽観的だが、常により高い学びや刺激を求めるので、何かを追求するのには時間を要する。

♑ 山羊座の月
情熱的だが現実的な一面も。目標に向かって計画的に進む力があり、責任感が強い。主観と全体的な視点を持ち合わせ、迷うことも。

♒ 水瓶座の月
独立心が強く、独自の発想で行動する。型破りな挑戦を好み、自由な生き方を求めていく。前例のない成果を上げやすい。

♓ 魚座の月
直感的で優しいが、感情に流されやすい。情熱と繊細さを併せ持ち、理想を追い求めるタイプ。人の心や善に対する理解が高くなる。

牡牛座

Taurus

4/20〜5/20

基本DATA

◆ ポラリティ	偶数星座
◆ クオリティ	不動宮
◆ エレメント	地
◆ 支配星	金星
◆ カラー	ピンク、グリーン
◆ 宝石	エメラルド

KEYWORD

穏やか、慎重、地道、素朴、独占的、防衛的、粘り強い、忍耐力、頑固、安定、義理堅い、贅沢感、五感を大切にする、現実的、こだわり、心地よさ、伝統的

豊かな感受性を持ち
この世界の美を更新していく

　牡牛座は所有の星座と呼ばれ、物事への把握と理解、そして消化し血肉にしていくことを表すサインです。知恵や知識を蓄える前の、感覚的な段階であり、味覚、聴覚、視覚、嗅覚、触覚などの五感に優れています。その気質には探究心と愛着心があり、物事の良い部分や心地よい感覚を解き明かすため、じっくりと時間をかけて吟味するのです。感じ取る才能は、物事に対する理解力と創造性を豊かにし、今まで出会ってきたものや経験を活かし、まったく新しい美の定義を生み出すでしょう。こだわりを貫き、喜びと満足を感じることで、心が潤っていきます。

牡牛座の太陽と月星座の組み合わせから
あなたの印象や雰囲気を詳しく見ていきましょう

―― 牡牛座の太陽と… ――

♈ 牡羊座の月
意志が強く行動力がある。自分の計画性と、衝動的な感情の間で苦悩することも。子どもの頃から好みが変わりにくい傾向。

♉ 牡牛座の月
安定志向が強く、堅実に物事を進めていく。五感が鋭く、こだわりを持って、快適な環境を求め、作り出せる。頑固で苛烈な一面も。

♊ 双子座の月
落ち着きと好奇心のバランスを持つ。新しい知識や人との交流を楽しめるタイプ。興味のある分野がはっきりしている傾向。

♋ 蟹座の月
感情と感性が豊か。安心できる環境を求め、愛情深いが、変化にはやや慎重で保守的な傾向も。一度抱いた愛着は強くなりやすい。

♌ 獅子座の月
堂々とした居住まいを漂わせる。趣味嗜好が固まりやすく、ぶれない軸を持つ。自らの心を誤魔化さず、堅実で誠実な一面も。

♍ 乙女座の月
現実的な判断力があり、信頼されやすい。細かいところに気を配り、計画を組み、物事を進めていける。類まれな継続力がある。

♎ 天秤座の月
洗練されたセンスの持ち主。調和を大切にし、違和感に対して気がつきやすい。持ち前の正義感は、無言の態度で示される。

♏ 蠍座の月
動じない雰囲気から抜群の安定感を誇る。心の奥底には深い愛情があり、一途な傾向。一度決めたら揺るがない精神性の持ち主。

♐ 射手座の月
安定と自由を求める気持ちの間で揺れやすいかも。新しいことに挑戦しつつも、手堅い方法で確実な成功を狙いたい。本物志向。

♑ 山羊座の月
実直で忍耐強く、努力を惜しまず、時間をかけて安定した成功を築き上げていく。熟練度と精神面の成長が共に育ちやすい。

♒ 水瓶座の月
個性的で独自の価値観を持ちやすい。地に足のついた感覚と斬新な思考が交錯し、理想の実現には多くの努力と労力を要することも。

♓ 魚座の月
感受性が強く、穏やかな雰囲気を漂わせる。芸術的なセンスに恵まれ、安心できる環境を求める。行動と態度で示す優しさがある。

双子座
Gemini
5/21〜6/21

基本DATA

- ◆ ポラリティ　　奇数星座
- ◆ クオリティ　　柔軟宮
- ◆ エレメント　　風
- ◆ 支配星　　　　水星
- ◆ カラー　　　　イエロー
- ◆ 宝石　　　　　シトリン

KEYWORD

おしゃべり、笑顔、繊細さ、情報通、好奇心旺盛、臨機応変、軽やかさ、人間観察、研究的、束縛が嫌い、凝り性かつ飽き性、冷静、クレバー、マルチタスク

知的に楽しみ喜ぶ……
軽やかかつ繊細な好奇心の持ち主

　双子座は、意識を外に向けて、あらゆる情報を取り入れていくサインです。アンテナを広く張り、知識や情報、コミュニケーションなど、新鮮味があって移り変わっていくものに次々と興味を示します。フットワークも軽く、すぐにアクションを起こしていける機動力も特徴的です。味見をしたらまた別の分野へと興味を示し、ジャンルを問わない知識が多くなる傾向が。軽やかさは明るい魅力となり、多くの人を惹きつけます。多彩で多様な人脈を築き、さらに楽しい知識とそれを得る機会に恵まれるでしょう。賑やかで楽しい知識の交換と交流があなたには似合います。

双子座の太陽と月星座の組み合わせから
あなたの印象や雰囲気を詳しく見ていきましょう

――――― 双子座の太陽と… ―――――

♈ 牡羊座の月
行動力があり、直感的に動いていける。優れたアンテナで、新しいことに興味と関心が湧きやすい。やや飽きっぽい一面も。

♉ 牡牛座の月
落ち着きと継続性もあり、じっくりと学ぶタイプ。些細な言葉のニュアンスを感じ取り、繊細に学びを深めていける。好きに正直。

♊ 双子座の月
フットワークの軽さが魅力。旺盛な知識欲から、あれもこれもと気になりやすい。マルチタスクに取り組むと、バランスがとれる。

♋ 蟹座の月
感受性が強く、人の気持ちを察する能力が優れている。社交的で気配り上手だが、気分に左右されやすい一面も。気を感じやすい。

♌ 獅子座の月
その場を盛り上げる言動。言葉選びがうまく、注目や関心を集めやすい。自らの気持ちに従って行動し、悪い気からは離れて。

♍ 乙女座の月
細かいことや違和感に気がつく。柔軟な思考と発想を持つが、努力を省いていく傾向があるかも。スムーズさと知的な交流を好む。

♎ 天秤座の月
社交性が高く、他人との交流を楽しんでいける。感覚的に相手のことを理解しつつ、連想ゲームのように会話を盛り上げていく。

♏ 蠍座の月
表向きは軽快で社交的だが、言葉の裏まで自然と意識が及ぶ。知的好奇心が深く、秘密や相手の心理を探るのが得意になる傾向。

♐ 射手座の月
自由を愛し、冒険心旺盛。新しい知識や経験を求め、広い視野を持つ。フットワークの軽さに拍車がかかり、移動が多くなるかも。

♑ 山羊座の月
知的で計画的な行動を好む。冷静で実務的な判断力を持ち、軽やかな思考に堅実さが加わる。確実かつスムーズな展開を希望。

♒ 水瓶座の月
独創的な発想と知的好奇心が際立つ。型にはまらない発想で、新しいアイデアを生み出す。自らを進化させていく試みが大事。

♓ 魚座の月
柔軟で直感的な発想が得意。感受性が強く、夢や想像の世界に魅了されやすいが、現実的な決断は苦手かも。繊細に空気を察する。

蟹座
Cancer

6/22〜7/22

基本DATA

◆ ポラリティ	偶数星座
◆ クオリティ	活動宮
◆ エレメント	水
◆ 支配星	月
◆ カラー	ホワイト、シルバー
◆ 宝石	パール

KEYWORD

人情深い、身内を大切にする、面倒見がいい、おもてなし心、マメ、優しさ、共感力、敵と味方を分ける、包容力に富む、繊細、健気、気配り上手、居心地のよさ

 心を受け止め、
具体的にも支えていける

　蟹座は、心という感覚的な側面と現実という両方の側面を担っているサインです。心の安定を大切にし、現実に起きている問題をカバーしていく力強さと包容力を持ち合わせます。優れた共感力を持ち、相手の本心をさりげなく察し、しっかりと受け止めていく。自分以外の心とつながることで、心が強くもなり、また与えすぎてしまうことも。誰かのために頑張れるからこそ、しっかりとした線引きが重要になり、特別な相手にだけ愛情を注ぎ込んでいけるのです。純粋で豊かな愛情を注ぎ込む、喜んでもらうことで、自らも幸福感を得られるでしょう。

蟹座の太陽と月星座の組み合わせから
あなたの印象や雰囲気を詳しく見ていきましょう

――― 蟹座の太陽と… ―――

♈ 牡羊座の月
感情表現がストレート。行動力と守備力がある。家族や身近な人たち、また大切なものを守る意識が強いが、思いつきで動きがち。

♉ 牡牛座の月
人の感情に鋭くも穏やか。愛情深く、安定した人間関係を求める。情に厚く、一度築いた関係を大切にするが、頑固な面も。

♊ 双子座の月
親しみやすく、会話を通じて相手の感情を引き出し、理解していく。好奇心旺盛で、気分屋な一面があるが、人懐こい魅力がある。

♋ 蟹座の月
感受性が強く、共感力に優れる。家族や大切な人を守ることに重きを置き、情に流されやすい傾向も。芸術的才能と感性が豊か。

♌ 獅子座の月
温かい人柄で頼れる存在。優しさとカリスマ性を併せ持ち、大切な人を守るためには実力を惜しまない。人気運が高くなる傾向。

♍ 乙女座の月
繊細で気配り上手。感情を表に出すのは控えめだが、細やかな配慮でサポートをしていく。自分のペースで物事をこなせる実力者。

♎ 天秤座の月
柔らかな印象を与えやすく、人当たりが良い傾向。感情が揺れると表にそれが出やすいが隠しがち。周囲の人たちを大切にできる。

♏ 蠍座の月
情が深く、一度心を許した人には絶対的な信頼を置き、味方となる。柔らかくも内面は強く、秘密主義的な一面も。記憶力が高い。

♐ 射手座の月
情に厚いが、束縛を嫌い、広い視野で物事を考える。懐かれるとつい、情が湧いて助けてしまうことも。場の盛り上げ役になりがち。

♑ 山羊座の月
感情と責任感のバランスが取れている。冷静さと情の深さを持ち、家族や社会的な立場を大切にする。外からの評判が高まりやすい。

♒ 水瓶座の月
感情的だが、理性的な面も強い。人間関係では独自の距離感を保ちつつ、大切な人には深い愛情を注ぐ。実は強がり。

♓ 魚座の月
感受性が鋭く、想像力が豊か。情に厚く、人を支えようとするが、考えすぎてしまう。繊細で傷つきやすい傾向も。

獅子座 7/23〜8/22
Leo

基本DATA

◆ ポラリティ	奇数星座	
◆ クオリティ	不動宮	
◆ エレメント	火	
◆ 支配星	太陽	
◆ カラー	ゴールド、オレンジ	
◆ 宝石	ダイヤモンド	

KEYWORD

自己肯定感、大きな存在感、信頼、真剣さ、ダイナミック、寛大、気前がいい、派手好み、冒険的、自信満々、プライドが高い、リーダーシップ、正直、感性、自分軸

 自尊心という人間力
自らとはぐれない強さの持ち主

　獅子座は、自らの価値観を確立するサインです。人が当たり前に持つべき、だけれども失いやすい自尊心を持ち続け、明確な自分軸を持っています。そして、自らと同じように他者の存在を尊重することでしょう。それは簡単なことではありません。また、注目を集めたり人目があったりすると、ついつい張り切ってしまう、そんな愛すべき単純さも。流行りに影響されず、長いものに巻かれない一徹さと、愛され上手な一面を兼ね備えます。持ち前のホスピタリティ精神は、自らの愛やキャラクターを貫き、自己表現をしていくことで輝いていくことでしょう。

獅子座の太陽と月星座の組み合わせから
あなたの印象や雰囲気を詳しく見ていきましょう

獅子座の太陽と…

♈ 牡羊座の月
情熱的でパワフル。直感的に行動し、自信に満ちた雰囲気。弱きを助け、自らの背中で守っていく。やや衝動的でも、頼もしい。

♉ 牡牛座の月
重厚な雰囲気。しかしサービス精神が旺盛で、自分の好きなもので周囲を喜ばせるタイプ。粘り強く、自分の信念を貫いていける。

♊ 双子座の月
表現力が豊かになる傾向。楽しいことが大好きで、ネガティブ要素が弱点になりやすい。空気の悪さを感じると、静かに離れがち。

♋ 蟹座の月
情に厚く仲間思いだが、感情に振り回されがち。自分でなんとかしなければという気持ちが強くなり、ひとりで抱え込むことも。

♌ 獅子座の月
自分を生きている人。無自覚であっても自己表現の力が強く、堂々とした印象。誇り高く、自分らしくないことは辞退していく。

♍ 乙女座の月
情熱と冷静さを兼ね備える。理想を追求しながらも細かい部分にこだわり、慎重に物事を進める、不言実行者。実力で黙らせていく。

♎ 天秤座の月
基本的には自分を貫けるが、迷惑をかけたくないという想いが強い。周囲の感想に敏感になりやすい。さりげない気遣いの人。

♏ 蠍座の月
情熱的で意志が強く、周囲への影響力を持ちやすい。言葉にカリスマ性があり、深く関わっていける人間関係を求める傾向。

♐ 射手座の月
大胆な冒険家。興味関心が移り変わりやすいが、精神的な成長を求め、高い志を抱きやすい。楽観的で大らかかつ、頼もしい。

♑ 山羊座の月
情熱と責任感を持ち、着実に目標に向かう。試練に立ち向かう強さ。慎重さと計画性に裏打ちされた、落ち着きとカリスマ性。

♒ 水瓶座の月
個性的で独創的な発想の持ち主。カリスマ性と自由な精神を兼ね備え、独自の道を切り開いていける。意志が強く頑なさがあるかも。

♓ 魚座の月
愛と優しさ。愛する人にはとびきり甘く、時に断りにくい。でも、最終的には利用されることなく、自らの力を発揮していける。

乙女座
Virgo
8/23〜9/22

基本DATA

◆ ポラリティ	偶数星座
◆ クオリティ	柔軟宮
◆ エレメント	地
◆ 支配星	水星
◆ カラー	カーキ
◆ 宝石	サファイア

KEYWORD

冷静、純情、常識的、謙虚、分析的、思慮深い、ひたむき、控えめ、清潔感、世話好き、誠実、几帳面、責任感、気配り上手、完璧主義、清潔好き、集中力、自己責任感

細やかな視点と有能さ、清楚さとノリのよさを兼ね備える

　乙女座は、いかに世界と共存するか、というサインです。自らの健康と、社会貢献に対する意志と関心が強く、生活圏を整えていきます。誰かのために頑張りながら、自らを豊かに彩れる人です。持ち前の分析力が鋭すぎて、自分に向いてしまうこともありますが、問題に対する真摯な対応で、トラブルをとにかく撃破していきます。無駄や余計なことを省くのも得意なので、専門的なことに特化すると強い持論を抱く場合も。自分がどうありたいのか、ということを意識できれば、おのれ自身を理想の環境に合わせていく能力を高められる。自らの鋭さに戸惑わないことが開運のカギ。

乙女座の太陽と月星座の組み合わせから
あなたの印象や雰囲気を詳しく見ていきましょう

乙女座の太陽と…

♈ 牡羊座の月
冷静な判断力と行動力を併せ持つ。慎重さと衝動性が同居し、計画的に動くが、時に勢いで突き進むことも。後悔しない選択を。

♉ 牡牛座の月
堅実で細やかな気配りができる。安定性を愛し、確実に物事を進めるが、完璧を求めすぎて細かくなるかも。予想外の事態に弱い。

♊ 双子座の月
知的で柔軟性があり、幅広い知識を持つ。理論的に考えるが、気分によって集中力が変わりやすい。悪い想像は大きなストレスに。

♋ 蟹座の月
細やかな気遣いができ、思いやり深い。人の面倒をつい見てしまう一面も。安心できる環境を大切にし、周囲からも愛されやすい。

♌ 獅子座の月
控えめながら誇り高く、自分の能力をしっかり活かしたいタイプ。冷静さと情熱をバランスよく持ち、クオリティを上げていく。

♍ 乙女座の月
細部までこだわり、整理しながら把握する。心配性で慎重になりやすい傾向。改善点や修正点を発見できる、繊細な視点の持ち主。

♎ 天秤座の月
知的で洗練された雰囲気。自分の領分を守りながら、物事を進めていく。遠慮がちでわきまえがちな一面も。人の変化に気がつく。

♏ 蠍座の月
冷静で洞察力があり、人や物事の本質を見極める力がある。信頼関係を大切にし、一度決めたことは貫く傾向。断捨離上手。

♐ 射手座の月
理論的で好奇心旺盛。現実的な視点と理想を追い求める姿勢が共存し、新しい知識を吸収するのが得意な傾向。柔軟さが際立つ。

♑ 山羊座の月
真面目で責任感が強く、目標達成のために地に足のついた計画と努力。実務能力が高く、信頼される存在になりやすい。

♒ 水瓶座の月
分析力と論理的な思考回路。理想主義と実務能力のバランスを取りながら、効率的に動く。形骸化した手順をことごとく排除する。

♓ 魚座の月
繊細で優しく、直感力がある。理論的な乙女座と感受性豊かな魚座の間で、現実と夢の間を行き来する。ロマンティックな雰囲気。

天秤座 Libra

9/23〜10/23

基本DATA

- ◆ ポラリティ　　奇数星座
- ◆ クオリティ　　活動宮
- ◆ エレメント　　風
- ◆ 支配星　　　　金星
- ◆ カラー　　　　ローズピンク
- ◆ 宝石　　　　　オパール

KEYWORD

社交的、公平、調和的、バランス感覚、全体像を見れる、上品、スマート、センスがいい、正論・正義、優柔不断、空気を読む、聡明、洗練、エレガント、思いやり

洗練と思いやりがあり、物事に対して前向きに向き合っていく

　天秤座は、自分と向き合い、他者と向き合うサインです。客観視という他視点を獲得することでもあり、天秤座がファッションの星座として名高いことと関連しています。天秤座の天秤は、ふたつのものを計る秤(はかり)です。自分と相手とのバランス、自分と周囲とのバランス、また、誰かのために均衡を守る役割をになってしまうこともあります。実は、縁の下の力持ち。天秤座のあなたの頑張りに気がついてくれている人はきっといます。自らの健やかさを愛し、妬みや嫉妬を抱きにくく、悪意は外からやってくることが多いはず。あなたはあなたのままで最高です。

天秤座の太陽と月星座の組み合わせから
あなたの印象や雰囲気を詳しく見ていきましょう

――――― 天秤座の太陽と… ―――――

♈ 牡羊座の月
にこやかで人当たりがよく、心の内側に情熱と決断力を秘めている。バランス感覚を持ちつつ、直感的に行動できる。

♉ 牡牛座の月
落ち着きと美的センスを併せ持つ。穏やかで調和を大切にするが、こだわりが強く、意志の固い一面も。言葉に二言がないタイプ。

♊ 双子座の月
軽やかな雰囲気を持ち、実際に重たい感覚が苦手である。軽やかな交流を繰り広げ、物事のよい部分を発見し、楽しんでいける。

♋ 蟹座の月
人づき合いを大切にし、サービス精神旺盛。気遣い上手。やや気まぐれで、情に流されやすく、気分の浮き沈みが激しい一面も。

♌ 獅子座の月
人目を恐れないゆえの華やかさ。傷つきやすさはギャップになる。つい強がるかもしれないが、心を許した人には素直。

♍ 乙女座の月
計算されたような綿密な洗練さ。TPOと自らのポジションをわきまえ、細かい部分に気を配る。冷静な判断力と正義感の持ち主。

♎ 天秤座の月
エレガント。人に対する思いやりに溢れ、その結果、距離を空けてしまうことも。不器用さが器用さに見える不思議な魅力がある。

♏ 蠍座の月
人懐こさと警戒心を併せ持つ。人との距離感には慎重で、じっくりと距離を詰めていく。気を遣い、相手に合わせすぎることも。

♐ 射手座の月
軽やかさと気さくさの権化。大盤振る舞いなところがあり、人を助ける。楽観的で柔軟な考え方で、多様な価値観を受け入れる。

♑ 山羊座の月
品格を感じさせる佇まい。力の抜き方が上手く、多くの人のお手本となれる。堅実で安定した関係を求め、自分に対して厳しいかも。

♒ 水瓶座の月
人には見せないが、自分に厳しい傾向。差別を嫌い、公平さを愛する。固定観念にとらわれず、普遍的な目線で判断を下していく。

♓ 魚座の月
人の気持ちをよく理解する反面、相手を優先しすぎて、ストレスを溜めてしまうかも。理想を追い求めるが、迷いやすい一面も。

蠍座
Scorpio

10/24〜11/22

基本DATA

◆ ポラリティ	偶数星座
◆ クオリティ	不動宮
◆ エレメント	水
◆ 支配星	冥王星
◆ カラー	ワインレッド
◆ 宝石	オパール

KEYWORD

愛情深い、自制的、親切、思慮深い、本質を見抜く、徹底的、集中力、一発逆転、変容、極端、一点突破、凝視する、秘密主義的、カタルシス、直観的、変身願望

穏やかさの中に、とてつもないエネルギーを秘めている

　蠍座は、深い愛情と洞察力で物事の本質を見抜くサインです。自らの人生に対する信念と愛着の持ち主で、狙い定めるようにして目標を達成していく特徴があり、幸福を邪魔する存在は容赦なく断罪します。表層的な理解ではなく、その奥深くを見抜くことで、自らの安心感を確保する傾向が。愛や真理に近い感覚こそが信用に足るため、愛に対する造詣が深い蠍座の方が多い印象です。変身願望を秘めていることも多く、違う名義でアカウントを持ったり、特定の変身アイテムを持っていることも。自分自身との心満たされる一体感を求め、自らを変容させていきます。

蠍座の太陽と月星座の組み合わせから
あなたの印象や雰囲気を詳しく見ていきましょう

蠍座の太陽と…

♈ 牡羊座の月
第六感が働き、情熱的で直感的に行動する。意志が強く、自分の目的に向かって突き進むが、感情が爆発することがあるかも。

♉ 牡牛座の月
深い愛情と粘り強さを併せ持つ。お互いの尊重と信頼感を大切にし、一度決めたことを揺るがずに貫いていく。芯のある頑固さ。

♊ 双子座の月
喜びと感謝への感受性が強い。人生を楽しもうとする意志があり、好奇心旺盛。物事を深く掘り下げることで才能を発揮する。

♋ 蟹座の月
良い意味での身内びいき。自分よりも優先したい大切な存在を得やすい。情に厚く、執着をしてしまうかも。愛と献身の喜び。

♌ 獅子座の月
内面の動揺を表に出さない気質。独特な存在感を持ち、高い集中力を誇る。己を確立しやすいため、否定されると傷つきやすい。

♍ 乙女座の月
洞察力と高い分析力を併せ持つ。一度熱を帯びると熱心で、とことん追求したくなるが、手放そうと覚悟すると、潔い一面も。

♎ 天秤座の月
勘は鋭いが、それだけで決定していいのかと苦悩し、物事に対しての距離感を迷いやすい傾向が。迷いの動機は愛や優しさ。

♏ 蠍座の月
深い愛情の持ち主。にこやかに見えても、激しい感情を秘めている。執着や独占欲が強くなることも。人生の変容を経験しやすい。

♐ 射手座の月
世界観を持ち、それに相応しい思想や考え方を求める。自己開拓や自己探究に関心を持ちやすい傾向。非現実的なものに惹かれる。

♑ 山羊座の月
粘り強く計画を進める。思い切った選択を恐れず、目標達成に向けて、自分を変容させていける。夢に対する熱意が高い傾向。

♒ 水瓶座の月
斬新なひらめきと考え方を受け入れられる。時代に縛られず、物事の本質や普遍性を見抜き、気づきを大切な人と共有していく。

♓ 魚座の月
勘が鋭く、流れの変化を察しやすい。深い愛情とスピリチュアルな視点を持ち、人の心の奥まで共感する力を持っている。

射手座 11/23〜12/21
Sagittarius

基本DATA

◆ ポラリティ	奇数星座	
◆ クオリティ	柔軟宮	
◆ エレメント	火	
◆ 支配星	木星	
◆ カラー	ブルー	
◆ 宝石	ラピスラズリ	

KEYWORD

哲学と好奇心、熱狂的、無防備、一直線、制限がない、自由気まま、冒険と発見、旅人心、理想が高い、根拠のない自信、ひとり好き、楽観、ノリがいい、大らかさ

 哲学という宝石を求め
広い世界へと彷徨う旅人

　射手座は、広い視野を育み、精神性を高めていく段階を示すサインです。ここではないどこかを無意識の内に求め、誰かの思想や考え方にワクワクし、人生を凝縮したような、その人それぞれで色の異なる「哲学」という輝きを楽しんでいく。机上の空論を嫌い、志と理想を高く掲げつつも、楽観的で大らかな姿勢をとり、周囲にバイアスをかけることや、自らを枠に嵌め込まれることを回避します。おのれが囚われないことで客観的な視点を残し、物事を柔軟に捉えながら、可能性と選択肢を広げていける。柔らかな頭と大らかな心だけを携える、自由な魂の持ち主です。

射手座の太陽と月星座の組み合わせから
あなたの印象や雰囲気を詳しく見ていきましょう

――――― 射手座の太陽と… ―――――

♈ 牡羊座の月
自由を愛し、新しい挑戦に果敢に挑める。純粋で行動力抜群。衝動的になりやすい一面もあり、少し天然っぽく思われやすいかも。

♉ 牡牛座の月
冒険心と安定志向を併せ持つ。大胆な行動を取るが、慎重で観察を好む一面もあり、安心できる環境を求める。教訓は忘れない。

♊ 双子座の月
知的好奇心旺盛。自分が知らないことを聞けると楽しく、あれもこれもと手を伸ばす。隠れ人たらしで、気分屋な一面も。

♋ 蟹座の月
身近な人とのつながりも大切にする。気分次第で行動が変わることも。不安になりやすい繊細さがあるが、それをネタにしがち。

♌ 獅子座の月
チャーミングさの権化。純朴なエネルギーを持ち、自己実現にまっすぐ。華やかな活躍が似合い、周囲を巻き込みやすい傾向。

♍ 乙女座の月
楽観的な行動力と精密な分析力。向上心が高く、真剣に物事に取り組むが、理想と現実の間で苦悩しやすい。頑張りすぎに要注意。

♎ 天秤座の月
多くの人と関わりながら学ぶことを楽しみ、気さくな魅力満載。物事のちょうどよい点を見抜きつつ、優柔不断な一面もある。

♏ 蠍座の月
深い探求心と洞察力を持つ。言語や音楽に素養が高く、自らの意思を芸術に落とし込んでいく。強い信念を伴った行動力。

♐ 射手座の月
世界に対する明るい期待。自由奔放で、楽観と希望を忘れない。束縛を嫌い、楽観的な性格だが、落ち着きに欠けることも。

♑ 山羊座の月
メリットとデメリットを比較しつつ、選択肢を広げていける。目標達成への意欲が高く、堅実な行動を取り、ストイックな傾向。

♒ 水瓶座の月
柔軟な発想力に無礼講感が加わる。何気なく真理を突き、新しい価値観を生み出すが、周囲との距離が生じてしまうことも。

♓ 魚座の月
理想を求め、夢見がちな自由人。感受性が豊かで直感的に行動するため、どこか現実的な判断が苦手な一面も。楽観的すぎるかも。

山羊座 Capricorn

12/22〜1/19

基本DATA

◆ ポラリティ	偶数星座
◆ クオリティ	活動宮
◆ エレメント	地
◆ 支配星	土星
◆ カラー	ブラウン
◆ 宝石	ターコイズ

KEYWORD

真面目、誠実、保守的、現実的、努力、堅実、忍耐力、継続する才能、長期戦、勤勉、野心的、用心深い、大器晩成、独立心がある、強い責任感、ストイック、確実な成果、計画性

一度「やる」と決めたら、努力と継続で成功を目指す

　山羊座は、自らの経験と培ってきた実力を発揮する段階を表すサイン。社会の常識を汲み取り、自らの価値観を形成していきます。自己成長への意識が高く、あえて高い目標を設定することで、自らを鼓舞することも。律儀なところがあり、状況やその場に適した態度を取れることから、落ち着いた大人な印象を与えやすい傾向があります。相手の人柄を見て、信頼すると心を開き、色んな魅力が見えてくるでしょう。良い意味でのギャップを持ち、人気を獲得して人間力でも、社会的な評価が上がりやすい。おのれの人生に対するしっかりとした自己責任感の持ち主。

山羊座の太陽と月星座の組み合わせから
あなたの印象や雰囲気を詳しく見ていきましょう

―― 山羊座の太陽と… ――

♈ 牡羊座の月
目標に向かって突き進む、高い行動力と強い意思決定力の持ち主。目標が見えたら、とりあえず走り出してしまうこともある。

♉ 牡牛座の月
類稀なる継続力の持ち主。堅実で忍耐強く、確実に成果を積み重ねていける。一度決めたことを最後までやり遂げる力がある。

♊ 双子座の月
現実的な思考と柔軟な発想力を兼ね備える。自分で気になったことは率先して調べ、効率よく物事を進める。凝り性の飽き性傾向。

♋ 蟹座の月
全体を見渡すような視点を持ち、冷静でストイックな雰囲気。内面はかなり情の深いタイプ。感情と理性のバランスに悩むことも。

♌ 獅子座の月
野心的に目標を達成する。良い意味でプライドを持ち、負けず嫌いな一面も。自分を信じることで、障害を乗り越えていける。

♍ 乙女座の月
緻密さと努力を惜しまない姿勢が特徴的。トラブルを解決し、細かい部分にまで目を配る。マニュアルを作って渡すと効率UP。

♎ 天秤座の月
コンプライアンスとTPOに対する高い意識。余裕のある態度で荒波を乗り越えていく。ストレス発散方法を見つけることが重要。

♏ 蠍座の月
自らの人生に対する強い覚悟と自覚。目標達成に向けて全身全霊。誰かの成功論に惑わされず、個人の幸福を追求していける。

♐ 射手座の月
計画的に行動しつつも、新しい挑戦を楽しむ柔軟さを持つ。物事のあらゆる可能性を加味した上で、行動を選択していける。

♑ 山羊座の月
物事を合理的に考え、無駄を嫌う気質がある。経験から学ぼうとする意欲と忍耐力が強く、コツを掴めば成長が早い傾向が。

♒ 水瓶座の月
権力への反感を隠し、実力で見返していく。独自の視点から効率化を図り、先人たちの知恵と最新技術を上手く融合させていける。

♓ 魚座の月
実務能力が高く努力家だが、感受性が豊かで情に流されやすい一面も。理想と現実の間で苦悩しやすい。継続することで才能開花。

水瓶座
Aquarius
1/20～2/18

基本DATA

- ◆ ポラリティ　奇数星座
- ◆ クオリティ　不動宮
- ◆ エレメント　風
- ◆ 支配星　　　天王星
- ◆ カラー　　　蛍光色
- ◆ 宝石　　　　アクアマリン

KEYWORD

個性的、自由、独創的、エキセントリック、平等で公平な精神性、最新技術、進歩的、改革的、独立心旺盛、理論的、友愛的、常識にとらわれない、客観的、誰にでも対等

既成概念にとらわれず
希望を抱いて生きていく

　水瓶座は、今までの価値観を超えていくサインです。軽やかで自由な精神性を持ち、独特な存在感を放ちます。感情は言葉や表情に表れにくく、冷静な印象を与えやすいかもしれません。しかし、人とのつながりを大切にし、気の合う仲間たちとの親交を深めていけるでしょう。また、目標に向かって自分なりに描いた道筋を貫き、リスクがあったとしても前向きに取り組んでいける胆力があります。人生に明るい期待をし、自らの個性を発揮していくことで、オリジナルの成功を収められそうです。ナンバーワンよりオンリーワンの輝きが、よく似合っています。

水瓶座の太陽と月星座の組み合わせから
あなたの印象や雰囲気を詳しく見ていきましょう

―――― 水瓶座☆の太陽と… ――――

♈ 牡羊座の月
独創的な発想と行動力を持つ。直感的に動くが、気分次第で方向転換することも。パッと開始し、潔く損切り。未練は隠す傾向。

♉ 牡牛座の月
独自の価値観を抱き、一度決めたことには強くこだわっていく。腰を据えて取り組むスタイル。可能性があるうちは手放さない。

♊ 双子座の月
幅の広い関心を持ち、マルチタスクが得意。自分が知りたい情報に対しては、貪欲さを発揮し、どんどん自発的に調べていける。

♋ 蟹座の月
理性的な一面と情の深さを併せ持つ。独立心があり、大切な人への愛情も深く、信頼関係を重視。相手のために尽くすことも。

♌ 獅子座の月
独特な言動と雰囲気から目立ちやすい。自分らしさを貫くが、人に喜ばれ認められたい気持ちも強い傾向。自分磨きで成長する。

♍ 乙女座の月
問題や違和感に対する論理的な推論。独自の観点から、暇な時間も何か考えてしまいやすい。弱さに肯定的な傾向がある。

♎ 天秤座の月
他者を尊重しつつも、情に惑わされない冷静さを持つ。俯瞰するような観点から執着せずに、成り行きに任せていくことも。

♏ 蠍座の月
冷静さと情熱を内に秘めている傾向。表向きはクールだが、深く信頼した相手には強い絆を求め、弱さもオープンにしていける。

♐ 射手座の月
型にはまらない生き方を好み、新しい刺激を求めていく。燃焼しきれないと長引きやすい。自己研鑽により人生を展開させていく。

♑ 山羊座の月
独立心が強く、実力が伴ってから行動を起こす。自己実現に対する思考実験を繰り返し、成功への解像度が高くなっていく。

♒ 水瓶座の月
フラットだからこその独創的な雰囲気と発想力の持ち主。全体のために効率化を図り、形骸化したルールを外していける。

♓ 魚座の月
突飛で幸福な想像力。人の気持ちに敏感で優しく、夢や空想に浸りやすい傾向も。一度決意するとストイックに取り組める。

魚座 Pisces

2/19〜3/20

基本DATA

◆ ポラリティ	偶数星座	
◆ クオリティ	柔軟宮	
◆ エレメント	水	
◆ 支配星	海王星	
◆ カラー	マリンブルー	
◆ 宝石	水晶	

KEYWORD

感受性豊か、共鳴、シンパシー、イマジネーション、傷つきやすい、同情的、直観的、共感的、自己犠牲的、感化されやすい、信じる心、寂しがり屋、奉仕の精神、受容

 信じる気持ちと
愛と祈りの心を持つ

　魚座は、すべてを包み、そのままのあり方を肯定してくれるサインです。豊かな感受性で、自分でも知らぬ間に多くのことを受け取り、心は揺れます。共感してもらうことで、人の心は軽くなるもの。目に見えない領域でのやり取りをし、魚座のあなたは知らぬ間に相手の心の傷や痛みを癒やしているのかもしれません。神秘的なものとの親和性が高く、誰かの幸福を祈り、人の笑顔に心を躍らせられる純粋さ。ですが、善意を利用されそうになると、たちまち大きな尾ひれを翻し、大洪水を引き起こします。一切合切をうやむやにする力を秘めているのが、魚座のあなたです。

魚座の太陽と月星座の組み合わせから
あなたの印象や雰囲気を詳しく見ていきましょう

魚座の太陽と…

♈ 牡羊座の月
導かれるような行動力。謎の勢いがあり、不思議と周囲に助けられて成功しやすい。優しさと激しさのハイブリッド。

♉ 牡牛座の月
穏やかで謎の存在感。心の実感に従ってウソのない行動選択をしていける。こだわりたいポイントは明確。夢見がちな一面も。

♊ 双子座の月
柔軟で想像力豊か。物事の流れを見定め、ふわっとそのノリに乗っていく。楽観的だが繊細さがあり、傷つきやすい一面も。

♋ 蟹座の月
高い共感力と癒やしの雰囲気。情に厚いが、知らぬ間に感情を溜めやすく、感情に振り回されることも。不安の感覚に酔いやすい。

♌ 獅子座の月
優しさとギャップのある激しさを隠し持つ。バイブスの高い感情が個性を引き出し、自らの世界観を打ち出していけることも。

♍ 乙女座の月
優しい気持ちから人のアラには目を瞑るが、モヤモヤの種に。自らの愛情とフェアさを呼びかけることで、居心地が改善される。

♎ 天秤座の月
洗練された優雅さのある雰囲気。人とのバランスを重んじ、相手の心情を思いやる。気持ちを想像するあまり、迷いやすいかも。

♏ 蠍座の月
深い感情と感受性の持ち主。悪い妄想が膨らみやすい一面があるが、愛と覚悟で強くなる。本音は言葉にせず、秘密主義な傾向。

♐ 射手座の月
夢と自由を探求する。直感で行動し、チャンスを掴みやすい傾向が。しかし流されやすく、現実と目標を見失いやすいかも。

♑ 山羊座の月
柔軟さとシビアさを両立する。愛する人のために頑張る方がやりやすい。理想と現実の間で迷いながら、次の目標を見つけていく。

♒ 水瓶座の月
独創的で個性的な感性の持ち主。夢と理論を融合させる才能があり、一目置かれやすい。心境は、かなり表情に出にくいかも。

♓ 魚座の月
独特な雰囲気と感性。感受性が極めて強く、夢や空想の世界に浸りがち。人の気持ちに敏感すぎて、現実逃避しやすい一面も。

その楽曲が流れる人生の「シーン」ハウスを知る

どの場面において、天体は星座のテーマを奏でているのか

　出生のホロスコープは、どこを切り取ってもあなたの心を表しています。その中でもハウスは、あなたが遭遇し経験する場面そのものであり、ホロスコープを読み解く際の背景となる部分です。　例えば、月星座に注目したとき、それが1ハウスに入っていれば「あなたのキャラクター」を表し、5ハウスに入っていれば「創造性を発揮した時に天体のエネルギーを感じる」ということになります。1〜12のハウスは、すべての人に共通する人生のテーマを12に区別したもの。ハウスへの理解を深めると、心理状況をより深く見つめられるのです。

　また、運行中の天体が今、ホロスコープのどこを通過しているのかを知ることで、発展させやすい分野を把握できます。例えば、木星が2ハウスを運行していれば、収入や物質的な豊かさを広げるチャンスです。また土星が7ハウスを通る時期には、人間関係の見直しや責任の重さを感じやすいかもしれません。人生の流れを読み解くために、ハウスを活用していきましょう。

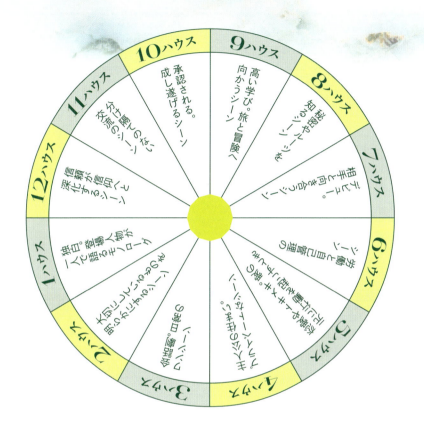

無関係なハウスはなく、起承転結として、巡っていく

　1～3ハウスは「起」。自己が主軸となる世界。自己の確立、思考の形成、身近な環境との関わりが中心。4～6ハウスは「承」。外の世界を意識し、居場所を確保していく。家庭や仕事、実践的なスキルの向上がテーマ。7～9ハウスは「転」。他者との関係、社会との関わりで視野を広げていく。精神面での成長がテーマ。10～12ハウスは「結」。世界への造詣を深めていくこと。社会的な成果、精神の探求、自己超越がテーマになります。

独白。
登場人物が一人で
語るモノローグ

1ハウス

　生まれ持った個性や第一印象、外見、自己表現のスタイルを示す。人生の出発点であり、自己の確立に関わります。積極性や行動力が試される場でもあり、人生における主導権を握る力を表す場面。

1ハウスに…

月がある	気分が表情や態度に出やすいが、感受性が強く癒しキャラ。周囲の影響を受けやすく、直感的な行動を取る傾向がある。
水星がある	知的好奇心が旺盛で話し上手。フットワークが軽く、情報収集やコミュニケーションが自己表現となる。
金星がある	周囲に無邪気な関心を向ける。そのため人に好かれやすい。平和を好み優れた美的感覚で、調和的な態度を取る。
太陽がある	無自覚でも、存在感がある。自分らしく生きることが重要で、リーダーシップを発揮した方が楽だったりする。
火星がある	行動力があり、パワフル。直感的に動き、爽やか。自己主張はしっかりめ。リーダーシップを発揮しやすい。
木星がある	楽観的で大らかな雰囲気。人気運が高くなりやすい。どんどんと選択肢を閃き、新しい経験を求めて積極的に動く。
土星がある	ストイックな空気感。おのれに厳しく、自己表現に時間がかかるが、努力家。モデルケースを見つけると強い。
天王星がある	個性的でユニークな雰囲気。変化を恐れず、自由を求める精神性。突発的な行動を取ることがあるかも。
海王星がある	直感力は鋭いが、感受性も強いため周囲の雰囲気に影響されやすい。夢見がちで神秘的な魅力を持つ。
冥王星がある	滲み出るカリスマ性。自己変革を経験しやすく、内面に強い意志を秘めている。無意識に周囲に影響を与えがち。

大切にしているものを明らかにするシーン 2ハウス

物質的な豊かさや財産、自己価値の感覚を示す。金銭や所有物、収入の傾向、安定へのこだわりが反映されます。自己の才能を活かし、資源をどのように活用するかがテーマとなる場面です。

2ハウスに…

☽ 月がある	心と物質的な安定が深く結びつく。生活の質次第で気持ちは上下し、自分の身近な範囲に対するこだわりが強くなりやすい。	☿ 水星がある	情報や知識を仕事や生活に活かしやすい。アイデアマン。言葉やコミュニケーションを通じて収入を得ることも。
♀ 金星がある	お金を美や快適さに使うと楽しい。芸術や人間関係から利益を得ることがあるので、自己投資は◎。	☉ 太陽がある	自己価値や財産に対する意識が強くなる。経済的な安定を重視し、自己の才能を活かして収入を得ることに意欲的。
♂ 火星がある	短期間で資産を得るセンスがある。冒険心があり、リスクがあってもハイリターンが見込めるものに賭ける。	♃ 木星がある	楽観的な時間感覚や金銭感覚。財運が強く、豊かさを引き寄せやすい傾向。大きく稼ぐが散財しやすい一面も。
♄ 土星がある	資格取得など時間とお金を使ってコツコツ努力できる。お金に対する責任感が強く、慎重に蓄えがち。	♅ 天王星がある	独自の才能で稼ぐ。変化を好み、新しいことに挑戦しやすい。実用性のないものにお金をつぎ込む傾向も。
♆ 海王星がある	金銭感覚が曖昧になりやすい。理想や夢に投資しがちで、直感的な金運を持つが、浪費や詐欺には要注意。	♇ 冥王星がある	金銭欲や物欲が強い。一度手にした資産は絶対に手放さない。努力して大きな財産を手にする可能性も。

会話劇。
日常の
ワンシーン

3 ハウス

言語能力、思考パターン、学習意欲を示す。近しい人との交流、情報の伝達、移動や短期旅行にも関連します。知識の吸収や柔軟な思考が求められる場であり、天体の配置によって対人関係のスタイルや表現方法が変化していく。

3ハウスに…

☽ 月がある	感情が言葉に表れやすく身近な人との交流を重視。環境や情報に敏感で気分によって考え方が変わりやすい。
☿ 水星がある	頭の回転が速く、会話や執筆が得意。情報収集や伝達能力に優れ、好奇心旺盛で多方面に興味を持つ。
♀ 金星がある	人間関係が円滑になりやすい。表現に美的センスがあり、芸術や言葉を使った表現に才能が表れやすい。
☉ 太陽がある	知的好奇心旺盛で学習や情報収集に積極的。コミュニケーション能力を磨き、自己表現を通じて影響力を持つ。
♂ 火星がある	自分の考えを言葉で表現する熱弁家。学ぶことに意欲的。机上ではなく実践を通じての学び方が向いている。
♃ 木星がある	幼い頃から知性を磨く機会を得やすい。広範囲にわたる知的好奇心を活かしてマルチな才能を発揮する。
♄ 土星がある	慎重な思考を持ち、学習やコミュニケーションに時間がかかるが、努力を重ねて確実な知識を築いていく。
♅ 天王星がある	人があまり関心を抱かないジャンルの知識を深めることに喜びを見出す。常識よりも個性的な知性の持ち主。
♆ 海王星がある	思考を視覚化したり、芸術作品として表現したりすることに長けている。情報をイメージでとらえるタイプ。
♇ 冥王星がある	深い洞察力を持ち、心理的な分析に長ける。言葉に力があり、影響力を持つが、極端な思考に走ることもある。

主人公の住まい。
プライベートな
シーン

4ハウス

家庭環境や家族、心の拠り所を示す。幼少期の経験や親との関係が影響を与える部分でもあります。自分が安心できる居場所や、家庭のあり方を探求する場。あなたが生活圏そのものなため、自立した後の住環境にも関わります。

4ハウスに…

☾ 月がある	家庭環境や幼少期の影響を強く受ける傾向。感情の安定が居場所に左右されやすく、安心できる空間を求める。
☿ 水星がある	家族との会話が活発。家での作業や執筆が得意で、家庭内での学びが多い。不動産や歴史への関心を持つ傾向。
♀ 金星がある	美しい家や安定した生活を求めるため、家庭環境が心地よいものになりやすい。温かく調和的な家族関係。
☉ 太陽がある	家庭やルーツが自己の基盤。家族の影響を強く受け、安定した居場所を求める。私生活を大切にしていく傾向。
♂ 火星がある	家庭内でのエネルギーが強く、主体性や独立心が旺盛。家族や身内に関して、内弁慶になる可能性も。
♃ 木星がある	自分のテリトリーを積極的に広げていく。自分の故郷や家族を愛する気持ちが精神的な安定につながっている。
♄ 土星がある	家庭環境に厳格さがあり、幼少期に苦労が多い場合もある。責任感を持ちやすく、安定のために努力できる人。
♅ 天王星がある	変化の多い家庭環境だったかも。引っ越しや自由な家族関係を好み、独自のライフスタイルを持つ傾向が。
♆ 海王星がある	家庭環境が曖昧になりやすく、理想と現実のギャップを感じるかも。スピリチュアルな影響を受けやすい傾向。
♇ 冥王星がある	家庭環境に深い影響を受け、強い絆や支配的な関係を経験することがある。劇的な変化を通じて成長し続ける。

5ハウス

恋愛やトキメキ。
愛の元に
行動を起こすとき

　創造性や遊び、恋愛、自己表現に関わるハウス。自分らしさを発揮し、楽しむ場面を示します。芸術、趣味、恋愛のスタイルが反映され、子どもや教育にも関連があります。天体の影響により、表現方法や楽しみ方が異なります。

5ハウスに…

月がある	感情が創造活動や恋愛に深く結びつく。気分によって表現スタイルが変わり、心の安定を楽しみの中に求める。
水星がある	知的な遊びや表現に関心が強い。ユーモアのセンスがあり、文章や会話を通じた創造活動が得意になる傾向。
金星がある	恋愛や芸術に恵まれ、楽しむことが喜びへのカギ。持ち前の美的センスを創作活動や趣味の世界で発揮できる。
太陽がある	創造性が高く、自己表現を通じて輝く。趣味や恋愛を楽しみ、自信を持って人生を満喫しようとする傾向。
火星がある	恋愛や創造活動に情熱的なエネルギーを注ぐ。競争心が強く、スポーツや自己表現の場で自発的に行動できる。
木星がある	娯楽や楽しむことに積極的な傾向。創造的な分野で成功しやすく、幸運を引き寄せる明るい魅力を持ちやすい。
土星がある	無意識のうちに自己表現を抑えてしまう。恋愛でも極端に失敗を恐れる。恥の意識が強いのは、美意識の裏返し。
天王星がある	独創性が豊かで、クリエイティブな能力に長けている。恋愛も常識にとらわれない自由な形を求める。
海王星がある	幻想的なイマジネーションが豊か。芸術や文学、音楽で能力を発揮。恋愛は、自己陶酔的に尽くしていく。
冥王星がある	創造や恋愛に深い情熱を注ぎ、劇的な変化を経験しやすい。表現活動を通して自己の再構築を経験することも。

労働と
自己管理の
シーン

6 ハウス

　仕事や健康、ルーティンワークに関するハウス。日常の習慣や体調管理、働き方を示します。他人や社会のためにどう役に立っていくのかということや、自らを労っていく場面そのものを表します。

6ハウスに…

月がある	日常生活や健康状態によって心が影響を受けやすい。環境の変化に敏感で、安定した習慣が心の安定につながる。
水星がある	仕事や健康に関する情報を収集し整理していく傾向。細かい作業に適応し、ミスの発見や分析能力に優れる。
金星がある	日々のタスクや健康管理に楽しみを見出す。能力は高いが、表立って行動するよりもサポートに回りがち。
太陽がある	仕事や健康管理に意識が向きやすい。規則正しい生活を好み、日々のルーティンや実務を通じて自己実現する。
火星がある	持ち前の行動力から働きすぎやストレスに注意が必要。運動を積極的に取り入れるとよい循環が生まれます。
木星がある	職場環境に恵まれやすく、広い視野を持って行動する。全体を俯瞰できるため、面倒ごとを事前に避ける傾向。
土星がある	責任感が強く、仕事に対して慎重で堅実な傾向。ストレスを溜めやすい傾向があるので、バランスを大切に。
天王星がある	自由な働き方を求め、ルーティンを嫌う傾向。変化に富んだ仕事に適し、独自のライフスタイルを見つけ出す。
海王星がある	理想を追求しすぎる傾向があり、職場や健康に関する曖昧さが生じやすい。現実的なルーティンを作ると◎。
冥王星がある	極端な働き方や健康管理にならないように要注意。限界を迎えると進化する特徴が。ほどほどを意識すると◎。

デビュー。
相手と向き合う
シーン

7 ハウス

　他者との関係性や結婚、契約などを示すハウスです。対人関係のスタイルや一対一での関わり方が表れます。バランスを取ることがテーマであり、社会との関わり方を模索する場でもある。

―― 7ハウスに… ――

☽ 月がある
対人関係を重視する。パートナーとの深い絆を求め、安定を大切にするあまり、ストレスを溜めてしまいがち。

☿ 水星がある
コミュニケーションが自己成長のカギ。相手の反応を楽しむことから、言葉や表情の使い方が上達していく傾向。

♀ 金星がある
程よい距離感を愛し、他人と交流することで魅力が開花する。孤独と退屈を嫌って、相手に譲りすぎることも。

☉ 太陽がある
人間関係やパートナーシップが自己実現のカギ。結婚や仕事の協力関係に重点を置き他者との関わりで成長する。

♂ 火星がある
強い意志を持つパートナーを引き寄せ、刺激のある関係性に恵まれやすい。衝突しながらも情熱を注いでいく。

♃ 木星がある
寛容でオープンな態度。対人関係において幸運を引き寄せやすい。国際的な交流や広い人脈を築く可能性も。

♄ 土星がある
確実性と長期的な関係性を重視する。結婚などパートナーとの関わりに慎重で、じっくりと絆を形成していく。

♅ 天王星がある
自由な人間関係を築き、型にはまらない結婚やパートナーシップを好む。思いがけない出会いが多い傾向。

♆ 海王星がある
直感的なつながりを重視し、曖昧なままでも関係を構築していける。不安を鈍化させて突き進む強さの持ち主。

♇ 冥王星がある
変容を促すパートナーを引き寄せやすく、深く劇的な人間関係を経験しやすい。支配的な関係に縁があるかも。

8ハウス

秘密やルーツを知るシーン

財産や感情の共有、変容のプロセスを示すハウスです。遺産、投資、共同資産など、深い絆や思い入れが関係する場面そのもの。危機への対処法や、深い関係性に対する価値観も表れています。

8ハウスに…

月がある
直感が鋭く感情が深い。親密な関係に強く影響され、潜在意識や心理的な結びつきを重視する傾向がある。

水星がある
秘密や心理学、研究に興味を持つ傾向。深い対話や探求を好み、洞察力に優れるが、思考が極端になりやすい。

金星がある
情熱的で深い愛を求める。パートナーと財産や価値観を共有することや、精神的・経済的な結びつきが重要。

太陽がある
共同資産や遺産、スピリチュアルな探求に関心を持ち、大きな転機を経験しやすい。深い絆や変容を求める。

火星がある
挑戦的な状況や極限の状態に惹かれやすい。いざというときの底力を発揮し、不可能を乗り越えていける。

木星がある
他者からの援助や財運に恵まれる傾向。精神的な探求に興味を持ち、死生観や哲学への関心が高くなりやすい。

土星がある
自己評価が低く、対人関係に慎重。深い絆を築くのに時間がかかる。財務管理や遺産問題に関わる傾向がある。

天王星がある
突然の出来事を通じて人生が大きく変わる。独自の価値観を持ち、神秘的な分野や心理学に関心を抱きやすい。

海王星がある
境界が曖昧なままでも気にしない土壌がある。夢や空想、スピリチュアルに対する造詣を知らぬ間に育みがち。

冥王星がある
転んでもタダでは起き上がらない、強い精神力を持つ。極端な経験を体験し、自らの再生力を上げていく。

高い学び。
旅と冒険へ向かう
シーン

9ハウス

　学問、宗教、海外との関わり、人生観を示すハウス。知識の拡大や精神的な成長がテーマとなり、高等教育や異文化交流にも関連。視野の広げ方など、人生の意味を探求するスタイルを表しています。

9ハウスに…

☾ 月 がある	精神的な安定を求め、旅行や学びに心が動かされる。異文化や信念に共感しやすく、直感的に世界観を広げる。
☿ 水星 がある	知的なものを吸収しようとする。向学心にあふれ、語学や文学的な才能に秀で、その分野で成功する可能性も。
♀ 金星 がある	真に価値のある「美しいもの」を求める。精神性の高い愛を望み、尊敬し合い、得るものが多い相手を選ぶ。
☉ 太陽 がある	広い世界を求め、哲学や冒険に情熱を注ぐ。海外や高等教育に縁があり、自己成長を通じて人生の目的を探す。
♂ 火星 がある	冒険心が強く、海外やスポーツに情熱を注ぎ、積極的に学びや挑戦を求める。信念を巡る衝突が起こることも。
♃ 木星 がある	海外や学問、精神的な探求に強い縁がある。幸運に恵まれやすく、自由を愛し視野を広げることで成功を掴む。
♄ 土星 がある	学びや人生観の確立に時間がかかるが、努力次第で深い知識を得る。伝統や哲学を重視し、高等な学びを得る。
♅ 天王星 がある	革新的で独創的な思想や哲学に強く惹かれる。斬新なアイデアがひらめく。マイナーな国や秘境に興味を示す。
♆ 海王星 がある	理想主義的で、精神世界や宗教、芸術に強く惹かれる。夢を追い求めやすく、現実とのバランスが課題となる。
♇ 冥王星 がある	真理を求め、深い学びや哲学に没頭しやすい。答えのない精神的な探求を通じて、根本的な変容を経験する。

承認される。
成し遂げる
シーン

10ハウス

社会的な成功に対する意識を示すハウス。人生の目標や公の場での役割が反映される。野心や努力など、社会の中でどのように評価をされやすいのかという場面。役目や責任に対する姿勢や価値観も表れています。

10ハウスに…

☽ 月がある
仕事や社会的立場が感情に影響しやすい。公の場での評価を気にしやすく、職業や地位の変動に敏感な傾向。

☿ 水星がある
知的な仕事や情報発信に適性がある。自分の意見ではなく全体を意識した発言。交渉や企画に強みを持つ。

♀ 金星がある
美や芸術、対人関係を活かした仕事に向く。社交的で魅力的な印象を持ち、職場環境に調和をもたらすことも。

☉ 太陽がある
社会的成功やキャリアへの意識が高く野心的。高い目標を掲げ、達成するために努力し、自然と注目を集める。

♂ 火星がある
野心的で、競争心を持ってキャリアを切り開く。衝突や急な変化に注意が必要だがリーダーシップを発揮する。

♃ 木星がある
社会的な成功のチャンスに恵まれる。楽観的な姿勢でキャリアを築き、教育や海外に関わる仕事に適性が高い。

♄ 土星がある
責任感を持ち、努力を重ねて地位を築きやすい。忍耐力を活かし、人生を通して安定したキャリアを得られる。

♅ 天王星がある
型破りなキャリアを選びやすく、独立心が強い。新しい分野やテクノロジーと縁があり変化の多い職業に適性。

♆ 海王星がある
天然な印象を与えやすく、キャリアは流動的。芸術や奉仕的な仕事に適性があり、直感を活かすことが重要。

♇ 冥王星がある
強い影響力を持ち、劇的なキャリアの変化を経験しやすい。権力や支配的な立場に関わりやすい傾向がある。

11ハウス

分け隔てのない交流のシーン

友人関係やコミュニティ、未来のビジョンに関わるハウス。世界の広げ方や、理想をどのように実現するかを示す。集団の中での役割や協力関係の結び方も表れています。

11ハウスに…

☾ 月 がある
友情やグループ活動で心が安定する。仲間との感情的なつながりを大切にし、垣根のない交流を広げていく。

☿ 水星 がある
未来志向のアイデアを持ち、コミュニケーションを通じて人脈を広げる。ネットワーク作りや情報共有が得意。

♀ 金星 がある
社交的で、友人関係に恵まれる。平和を愛し、先進的。美的センスや芸術的な活動によるつながりを持ちやすい。

☉ 太陽 がある
仲間や集団の中で輝き、理想の実現を目指す。社会貢献や革新的な活動に積極的で、広い人脈を築きやすい。

♂ 火星 がある
行動力があり、中心人物になりやすい。理想の実現に向けて積極的に動くが、対立を生みやすい一面も。

♃ 木星 がある
楽観的で、広い人脈を持つ。社会的な活動に関わると成功しやすく、理想を追い求めることで運を引き寄せる。

♄ 土星 がある
人間関係に慎重で、信頼できる友人を大切にする。閉鎖的な人間関係を広げたときに、人生が安定する。

♅ 天王星 がある
自由な交流を求め、独創的な仲間とつながる。型破りなアイデアや改革精神を持ち、既存の枠にとらわれない。

♆ 海王星 がある
理想主義的で、夢を共有できる仲間を求める。曖昧な人間関係になりやすいが、直感的につながるご縁を持つ。

♇ 冥王星 がある
強い影響力を持つ人間関係を築き、グループ内で変革をもたらす。関わりによって世界が劇的に変化しやすい。

信頼が
信仰へと深化する
シーン

12ハウス

　潜在意識、夢、スピリチュアルな領域を示すハウス。過去の記憶やカルマ、内面的な成長に関連し、隠された才能や秘密も表しています。孤独や直感と向き合う場でもあり、何を信じ重きを置くのかという個人的な宗教の場面。

12ハウスに…

月がある
感情が繊細で、無意識の影響を受けやすい。人に共感しやすく、ひとりの時間や癒やしの空間を求める傾向がある。

水星がある
隠れた知識や秘密を直感し感じ取る。言葉を内に秘める傾向があり、執筆や静かな環境での表現が適している。

金星がある
控えめな愛情表現をするが、深い優しさを持つ。無条件に愛することができ、アートを通じて自己表現できる。

太陽がある
豊かな感性。精神世界やアートに縁がある。影で実力を発揮し、他者や全体の支えとなれる強さがある。

火星がある
行動を起こす前に慎重になり、エネルギーを内に秘めやすい。無意識的な衝動が強く、隠れた情熱を持つ。

木星がある
精神的な豊かさに恵まれ、直感力が強い。宗教や哲学、慈善活動に関心があり、目に見えないものに導かれる。

土星がある
内面的な制約を感じやすく、孤独や責任感を深めがち。自己犠牲の精神があり、持ち前の洞察力で成長していく。

天王星がある
独自の精神世界を持ち、型にはまらない価値観。突然の気づきや閃きが多く、スピリチュアルに関心を持つ。

海王星がある
潜在意識に敏感で、現実と夢の間を行き来しやすい。共鳴しやすい気質が、直感力や芸術的な才能につながる。

冥王星がある
無意識の領域に深い影響を受け、精神的な変容を経験しやすい。強い洞察力を持ち、神秘的な力に魅入られる。

天体のないハウスから新しい自分を知る
カスプ

カスプサインの支配星から新しい自分へのヒントを得る

　カスプとは、それぞれのハウスの始まりを示すポイントです。1ハウスのカスプはASC、4ハウスのカスプはIC、7ハウスのカスプはDSC、10ハウスのカスプはMCと呼ばれています。

　ハウスが持つ意味がどう人生に発揮されるのかは、そのハウスに滞在する天体をもとに読み解かれます。では、ハウスに天体が入っていない場合、その意味を使いこなせないのでしょうか。答えはNOです。例え天体が入っていないハウスであっても、その要素が抜け落ちるわけではありません。**それではどうすればそのハウスの持つ意味を充実させることができるのか。その手がかりを教えてくれるのが、カスプサインの支配星の滞在ハウスです。**

　ここでは、特にあなたが人生において充実させていきたいハウスをより活かすために、そのカスプサインの支配星がどのハウスに滞在しているかをもとに、ヒントを読み解いていきましょう。

カスプサイン（星座）と支配星（ルーラー）で
ハウスを充実させる

　特に充実させたいハウスのカスプサインと、その支配星がどこに滞在しているかを、自分のホロスコープ上でチェックしてみましょう。ただし、カスプサインは古典占星術の手法であるため、蠍座は副支配星として火星を、水瓶座は土星、魚座は木星の滞在ハウスをもとに、天王星、海王星、冥王星のトランスサタニアンは補助的な要素として読み解いていきましょう。

牡羊座	牡牛座	双子座	蟹座	獅子座	乙女座
支配星 火星	支配星 金星	支配星 水星	支配星 月	支配星 太陽	支配星 水星

天秤座	蠍座	射手座	山羊座	水瓶座	魚座
支配星 金星	副支配星 火星	支配星 木星	支配星 土星	副支配星 土星	副支配星 木星

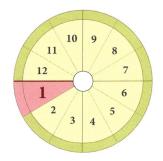

ホロスコープで
カスプを見つける

　カスプとは、特定のハウスの始まりの線を意味しており、左図では赤線の箇所が1ハウスの始まりになります。

１ハウスのカスプ

KEYWORD 自己表現、第一印象、人生の方向性

1ハウスをもっと充実させるために

 1ハウスのカスプサインの支配星が…

1ハウスにいる
あなたの個性をストレートに表現することで、最も自然な形で自己実現が促されていくでしょう。

2ハウスにいる
物質的な安定や自分自身の価値観の確立が、自己実現へとつながっていきそうです。

3ハウスにいる
コミュニケーションや学びを通じて、あなた自身を打ち出す力がより豊かになっていきます。

4ハウスにいる
心の安定や家庭環境を充実させることが、あなたの自己表現の基盤となるでしょう。

5ハウスにいる
クリエイティブな活動で自分の内面を表現することが、個性をより輝かせるでしょう。

6ハウスにいる
仕事での着実な努力を怠らないことで、自己実現が図られていくことになるでしょう。

7ハウスにいる
対人関係やパートナーとの絆を通じて、自分という軸をより安定させることができそうです。

8ハウスにいる
投資や資産運用など経済的な力をつけることが、自分の幅を広げることにつながるでしょう。

9ハウスにいる
新しい価値観を取り入れていくことで、アップデートされた自分を見つけることができそうです。

10ハウスにいる
社会で活躍することが、自分に自信を持てるようになることに直結するでしょう。

11ハウスにいる
単独行動よりも集団やコミュニティ意識を持つことが、自己実現へとつながりそうです。

12ハウスにいる
自分の感情や内面に目を向けることが、あなた本来の持つ自分を取り戻すことにつながります。

2ハウスのカスプ

KEYWORD 所有、物質的価値、経済的な活動

2ハウスをもっと充実させるために

2ハウスのカスプサインの支配星が…

 1ハウスにいる
自分のやりたいことや好きなことを追求することが、収入に結びつくことになりそうです。

 2ハウスにいる
プロセスよりも結果に重きを置き、着実に積み上げていくことが経済的な充実を果たすカギに。

 3ハウスにいる
コミュニケーションや人脈、人との縁が、お金や仕事につながっていくでしょう。

 4ハウスにいる
家族のアドバイスを取り入れることで、経済的な安定を見つける近道になりそう。

 5ハウスにいる
趣味をどこまでも追求することが、新しい収入の活路を見出すことに直結します。

 6ハウスにいる
日々のちょっとしたタスクを疎かにしないことと着実な努力が経済的安定につながりそう。

 7ハウスにいる
ビジネスパートナーや相棒と力を合わせることが、より大きな利益を生み出すことに。

 8ハウスにいる
先人から受け継いだことや旧きを知ることで、新しい価値観が見つけられそうです。

 9ハウスにいる
既存の枠にとらわれず、広い視野で物事を捉えることが、意外な視点の発見につながりそう。

 10ハウスにいる
キャリアの発展こそが経済的安定のカギに。責任ある立場こそ、収入面での大きな支えに。

 11ハウスにいる
革新的なアイデアを取り入れて、良い意味で常識外れな行動を取ると、結果に結びつきそう。

 12ハウスにいる
お金にこだわらず、奉仕の精神を持つことが、意外にも収入や資産に直結するでしょう。

3ハウスのカスプ

KEYWORD 知性、学習、コミュニケーション

3ハウスをもっと充実させるために

―― 3ハウスのカスプサインの支配星が… ――

1 ハウスにいる
自分の個性を言葉や文章で表現することで、より豊かな対話や人間関係が生まれるでしょう。

2 ハウスにいる
実践的な情報や知識が、コミュニケーションを優位に働かせるカギになりそう。

3 ハウスにいる
さまざまな情報源から知識や経験を吸収することがあなた自身の表現に結びついていきそう。

4 ハウスにいる
オフィシャルな場よりも家族や家庭など、プライベートの側面を重視することがカギに。

5 ハウスにいる
堅苦しく考えるよりも、趣味や遊び心を通してコミュニケーションが活発化するでしょう。

6 ハウスにいる
職場でのコミュニケーションや会話が、深い知識や経験につながる可能性があるでしょう。

7 ハウスにいる
対人関係やパートナーシップの中で新しい視点を獲得し、それがあなたの知的な武器になるはず。

8 ハウスにいる
何か一分野に特化することによって、あなた自身のコミュニケーション能力が開花しそう。

9 ハウスにいる
外国の文化や言語など、幅広い知識を吸収することで学びが加速していくでしょう。

10 ハウスにいる
社会的な活動や職務など、責任があなたのコミュニケーションをレベルアップさせそう。

11 ハウスにいる
グループディスカッションなど、他者と考えを共有することが、新しい知恵をもたらします。

12 ハウスにいる
言語化できない、芸術やアートといった領域に興味を持つことがカギになるでしょう。

4ハウスのカスプ

KEYWORD 心の基盤、家庭、家族、ルーツ

4ハウスをもっと充実させるために

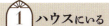

―――――― 4ハウスのカスプサインの支配星が… ――――――

1ハウスにいる
自己実現や自己表現をどれだけ果たせているかが、心の平穏や安寧につながるでしょう。

2ハウスにいる
お金や物といった物質的な安定を図ることが、同時に心の豊かさももたらしてくれそう。

3ハウスにいる
自分の意見を素直に相手や世界に表現することが、心の充実に寄与するでしょう。

4ハウスにいる
外の世界よりも家庭や家族と向き合うことが、心の穏やかさを得るためのキーワードに。

5ハウスにいる
自分が興味を持つ分野に取り組んだり、趣味を通じて精神的な成長の機会を得られそう。

6ハウスにいる
毎日のちょっとした積み重ねが、実は心や精神面を安定させる基盤になるはず。

7ハウスにいる
家族との良好な関係性やパートナーを思いやる気持ちが、心の安定の源となるのです。

8ハウスにいる
プライベートな時間の充実は、自分自身の感情を深く理解することから始まりそう。

9ハウスにいる
家族や親しい人と新しい経験をすることが、よりプライベートを豊かにすることに直結します。

10ハウスにいる
社会的に活躍し、大きな責任を追うことが、日常のあなたの心の充実に役立つはず。

11ハウスにいる
今に目を向けるよりも、こうなりたいというビジョンを抱くことがモチベーションに。

12ハウスにいる
与えられるのを待つのではなく、自分から相手に施すことが、巡り巡ってあなたの支えに。

5 ハウスのカスプ

KEYWORD クリエイティビティ、趣味、恋愛

5ハウスをもっと充実させるために

5ハウスのカスプサインの支配星が…

1 ハウスにいる
趣味や恋愛など、心から楽しめる場面で、いかに自分を押し殺さないかがカギに。

2 ハウスにいる
実務的なことや形に残るものを趣味や余暇に取り入れると、納得感も増していくでしょう。

3 ハウスにいる
自分の想いを形にすることを意識して。日記や文章表現などアウトプットすることを楽しんで。

4 ハウスにいる
心からくつろげる場所や人間関係が、あなたのクリエイティビティを刺激してくれそう。

5 ハウスにいる
没頭できる趣味や活動を見つけましょう。何かを作り出すことが、あなたを最大限輝かせます。

6 ハウスにいる
瞬間最大火力よりも、長くゆっくりモチベーションをキープできる趣味を探してみましょう。

7 ハウスにいる
ひとりで楽しむよりも、親友や恋人と一緒に取り組めることや目標を設定することがカギに。

8 ハウスにいる
昔好きだったことや子ども時代の趣味など、自分自身の中に自己表現のヒントが見つかるはず。

9 ハウスにいる
ニッチな分野や哲学的な研究など、狭く深く掘り下げていくことで意外な楽しさを見出せそう。

10 ハウスにいる
仕事や業務の中に、自分が楽しめる要素やワクワクする要素を探してみましょう。

11 ハウスにいる
自分の可能性を信じることや、将来の展望を抱くことが、あなたの新しい扉を開いてくれそう。

12 ハウスにいる
インスピレーションを得たら、すぐに実行を。直感で「これは」と思うものを見つけて。

6ハウスのカスプ

KEYWORD 日常生活、労働、ルーティンワーク

6ハウスをもっと充実させるために

6ハウスのカスプサインの支配星が…

1ハウスにいる
自分の感情や体調に敏感になって、個性を活かした仕事のスタイルを築くことがカギに。

2ハウスにいる
結果や成果にこだわることが、生活そのものに安定や充実をもたらしてくれそう。

3ハウスにいる
情報のリサーチと分析が、仕事と健康管理のクオリティを高めてくれる手助けに。

4ハウスにいる
家や家庭など、プライベートな空間での充実感が、仕事と健康の基盤に直結しそう。

5ハウスにいる
どんな仕事の中にも楽しさを見出すことが、仕事の成果ややる気につながるでしょう。

6ハウスにいる
丁寧で細やかな仕事ぶりをすることが、さらなる健康的な暮らしを実現するカギに。

7ハウスにいる
チームワークや協力関係を見直すことが、持続可能な仕事のスタイルにつながりそう。

8ハウスにいる
自分の仕事や健康習慣について、じっくり深く考えてみると、ヒントが見つかるかも。

9ハウスにいる
馴染みのない手法や新しい視点を日常の些細な側面に取り入れてみると、思わぬ成果が。

10ハウスにいる
責任ある立場からの視点や視野を大切にすると、日常生活の充実が得られそう。

11ハウスにいる
古いやり方よりも、最先端の手法や独自の方法を日常にどんどん取り入れてみて。

12ハウスにいる
目に見えないものや誰かに優しく振る舞う気持ちが、自分の心身の健康を育ててくれます。

7ハウスのカスプ

KEYWORD 対人関係、パートナーシップ、結婚

7ハウスをもっと充実させるために

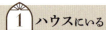

7ハウスのカスプサインの支配星が…

1ハウスにいる
自己らしさと個性を発揮していくことで、パートナーシップが充実していくでしょう。

2ハウスにいる
価値観の共有がパートナーシップ形成に寄与しそう。目に見える信頼を重視しましょう。

3ハウスにいる
活発な会話や意見の交換が、そのまま絆を深めるカギとなり、より豊かな関係性を育めそう。

4ハウスにいる
心を安定させ、余裕のある振る舞いができると、より親密な関係性が実現されていくはず。

5ハウスにいる
肩の力を抜いて、軽く捉えることが、パートナーシップをより充実させるカギになりそう。

6ハウスにいる
日々のちょっとしたことにもっと気を配ると、お互いの親密さが加速していくことに。

7ハウスにいる
自分にとって、相手とどんなパートナーシップを結びたいかを、今一度考えてみて。

8ハウスにいる
言葉ではなく心と心が通じ合うような瞬間を大切にすると、より親密な関係を築けそう。

9ハウスにいる
お互いの価値観や考え方をすり合わせることが、より強固なパートナーシップのカギに。

10ハウスにいる
一緒に共通の目標に取り組んだり、社会での自己実現を追求すると、絆が一気に深まりそう。

11ハウスにいる
将来どうありたいか、今後どうしていきたいかを、素直に相手に伝えていきましょう。

12ハウスにいる
相手に見返りや感謝を求めず、ただ尽くすことが、さらに強固なつながりを構築するはず。

8ハウスのカスプ

KEYWORD 共有財産、深い結びつき、遺産、変容

> 8ハウスをもっと充実させるために

― 8ハウスのカスプサインの支配星が… ―

1ハウスにいる
少しずつ変わっていく自分自身を受け入れることが、より深い自己理解へとつながります。

2ハウスにいる
これまでの価値基準を一新して。特に物質的な物の見方を変えてみると、心も豊かに。

3ハウスにいる
知的好奇心に正直に。学びを通じてこそ、自分の意識や考え方が変わるのを実感できそう。

4ハウスにいる
家族や、自身の過去との関係の変化が、深い癒やしと感情の変容をもたらしてくれるはず。

5ハウスにいる
クリエイティブな活動や創作活動を通じて、自分の心が変わっていくのを実感できそう。

6ハウスにいる
日常の些細なことや習慣を見直してみると、精神的な変容の手がかりを見つけられそう。

7ハウスにいる
他者との深い関わりが、内的な変化をもたらします。関係性の質を高めることを意識して。

8ハウスにいる
自分や周囲が変わっていくことにただ身を任せるのではなく、自らも答えを追い続けて。

9ハウスにいる
現実の価値観にとらわれず、一歩高次元のスケールで自問自答を繰り返してみて。

10ハウスにいる
社会的な成功や昇進が、そのまま新しい自分の人格形成に、大きな影響を及ぼしそう。

11ハウスにいる
友人関係や他人との交流の中で、これから先の自分が目指すべきものが見えてきそう。

12ハウスにいる
瞑想や内省など、スピリチュアルな側面を受け入れることが、精神的成長へとつながるはず。

9 ハウスのカスプ

KEYWORD 哲学的なもの、精神性、専門性

9ハウスをもっと充実させるために

9ハウスのカスプサインの支配星が…

1 ハウスにいる
自己探求と個性をより深めていくことで、視野が広がって自分自身の可能性も見えてくるはず。

2 ハウスにいる
物質的な豊かさと精神的な成長の調和をイメージすると、哲学的な思考が身につきそう。

3 ハウスにいる
とにかく広く知識を集めていくことが、より深い真理探究の助けとなってくれそう。

4 ハウスにいる
自分のルーツや心情を理解していくと、よりハイレベルな学びと発見につながります。

5 ハウスにいる
効率やパフォーマンスを追い求めるよりも、遊び心や無駄を取り入れてみると発見がありそう。

6 ハウスにいる
日常に潜むヒントを見つけて。意外なところにこそ、深い学びと、この世の真理があるはず。

7 ハウスにいる
自分と異なる価値観にレベルの高い学びがありそう。関係の深い相手との会話を意識して。

8 ハウスにいる
世界を知ることは、まず自分自身を知ることから。チャレンジ精神を持って取り組んで。

9 ハウスにいる
未知のものや国際的な基準の中に、自分の世界観を広げるためのヒントが眠っているはず。

10 ハウスにいる
社会的に自分がどう成功したいか、そしてそれに伴う責任を通じて、視野の拡張が充実するはず。

11 ハウスにいる
理想主義に思えるような思考にこそ、新しい可能性や深い学びへの手がかりがあるはず。

12 ハウスにいる
二次元、三次元的に考えるのではなく、枠を取り払った直感にこそ、視野が広がるチャンスが。

10 ハウスのカスプ

KEYWORD 社会的地位、キャリア、目標

10ハウスをもっと充実させるために

10ハウスのカスプサインの支配星が…

1 ハウスにいる
社会的成功のカギは自分自身にあり。あなたらしさを積極的に押し出すことを意識して。

2 ハウスにいる
確固たる地盤づくりが社会的な達成感につながります。地味に思えることにこそ取り組んで。

3 ハウスにいる
どんな人とも意見や考えを交換し、交流していくことがキャリア実現の助けになるはず。

4 ハウスにいる
心の健康を考えることが、社会で活躍するための支えに。自分自身の根底を作り上げて。

5 ハウスにいる
芸術的な感性や独創的なアプローチが、あなただけにしかない手腕として評価を得られそう。

6 ハウスにいる
自分自身の技術や知識を磨き上げ、武器を備えることが、キャリア向上に貢献しそう。

7 ハウスにいる
一人ひとりとのつき合い方をより深めていくことが、あなたの援軍を作ることにつながるはず。

8 ハウスにいる
抜本的に組織や部署を改革したり、見直すことで、社会的な影響力が高まることに。

9 ハウスにいる
国内だけでなく、世界中に目を向けてみると、キャリアに好影響を与えてくれそう。

10 ハウスにいる
リーダーシップを発揮し、目標を実現するために使命感を覚えると、いっそう輝けるはず。

11 ハウスにいる
革新的なビジョンと集団での動きを意識すると、社会的な達成感の充実につながりそう。

12 ハウスにいる
利益や見返りを考えず、ただひたむきに社会貢献を考えると、むしろ成果につながるはず。

11ハウスのカスプ

KEYWORD 友人関係、グループ、未来のビジョン

11ハウスをもっと充実させるために

―― 11ハウスのカスプサインの支配星が… ――

 1ハウスにいる
リーダーシップを発揮し、革新的なアイデアを実践することで、活気ある交友関係が築けそう。

 2ハウスにいる
現実的なアプローチと追い求める理想との落とし所を見つけられるかが、カギになるはず。

 3ハウスにいる
他人との交流やコミュニケーションを通じて、友人関係がさらに広がっていきそう。

 4ハウスにいる
友人関係の中で、自分が心安らぐ部分や、落ち着きを覚えるものに意識を向けてみて。

 5ハウスにいる
仲間や友人と一緒に心から楽しめるものを見つけてみると、よりイキイキと過ごせるはず。

 6ハウスにいる
日常の発見や仕事の愚痴など、何気ないことでも、友人に報告してみると思わぬ広がりが。

 7ハウスにいる
親しい友人や仲間との関係性から、より広い集団での振る舞いのヒントが見つかるかも。

 8ハウスにいる
グループで課題に取り組んだり、共通の事柄について深く考える時間を持つと、よい方向に。

 9ハウスにいる
国際的な活動や、文化的な交流を通して、自己の理想追求が充実していくでしょう。

 10ハウスにいる
社会的な目標と意義のある行動を通じて、組織的な達成感と新しい可能性を見つけられそう。

 11ハウスにいる
先を見据えた取り組みや人間関係の広がりを意識すると、新しいスタンダードが見つかるはず。

 12ハウスにいる
友人間や集団において、精神的なつながりを意識すると、人脈もレベルアップするはず。

12ハウスのカスプ

KEYWORD スピリチュアル、潜在意識、隠されたもの

12ハウスをもっと充実させるために

――― 12ハウスのカスプサインの支配星が… ―――

1ハウスにいる
精神的な成長のカギは、自分自身の中に。自分の直感に従って個性を打ち出してみて。

2ハウスにいる
一見リンクしないものが、思わぬ結びつきを見せるかも。現実に潜む不可視の要素を探して。

3ハウスにいる
ちょっとした動作やルーティンの中から、あなたが求めているヒントを見つけられそう。

4ハウスにいる
心が穏やかなときこそ、精神的な成長のチャンス。家で過ごす時間をより豊かにしてみて。

5ハウスにいる
趣味や恋愛など、夢中で楽しめるものの中に、人としてレベルアップできるカギがありそう。

6ハウスにいる
誰かのために動くことが、実は自分の成長のきっかけになっていることに気がつくはず。

7ハウスにいる
自分の課題や克服すべきと考えていたことのヒントは、実はパートナーとの間にありそう。

8ハウスにいる
深い変容と神秘的な体験を通じて、スピリチュアリティと無意識の世界が充実していきそう。

9ハウスにいる
価値観を広げることが、自分自身の精神世界の充実や心の成長を助けることになるでしょう。

10ハウスにいる
自分が先陣を切って社会貢献をすることで、内面やスピリチュアリティが成熟していくはず。

11ハウスにいる
自分を成長させるためのキーワードは、集団での動きや協力関係の中に眠っているでしょう。

12ハウスにいる
自己の精神と向き合い、無意識の自分に従うことが、より強固な精神性へとつながるでしょう。

神話が教えてくれる
あなたの本質
小惑星

私自身の
ディティールを知る

　天体は、ホロスコープを読み解いていくなかで、最も重要な要素です。月や太陽のような主要な天体から読み解けるものは、あなたが抱く「感情」によって呼び起こされるキャラクターであり、「私」そのもの。

　つまり、天体が担っているのは、「心」であり、「人格」です。

　星たちには神話の神々が紐づけられています。人の感情は喜怒哀楽だと言われますが、実際には名前のない感情や感覚があり、もっと複雑なものなのではないでしょうか。主要天体が表現できない部分を、小惑星たちは担っています。私たちの人生におけるテーマは、実際には多岐にわたるものです。大枠を主要天体で捉えながら、小惑星から細やかなディティールにまで意識を行き届かせましょう。

　ここでは、数ある小惑星の中から、特にホロスコープ上で読んでいきたい5つの小惑星、セレス・パラス・ジュノー・ベスタ・キロンについてご紹介します。

あなたの自己ケアや育み方を知る

セレス

どんな神話や神様?

セレスは、ローマ神話における農業・穀物・豊穣の女神であり、ギリシャ神話ではデメテルとして知られています。娘のペルセポネをこよなく愛した神話から、母性愛や養育、実りの象徴という解釈を持っています。

 セレスが…

♈ 牡羊座にある
自立を促す育み方をし、行動力を重視。自己ケアは運動やチャレンジを通じて活力を得ることで発揮される。

♉ 牡牛座にある
五感を満たすケアが重要になります。食事や安定した環境で安心を感じ、物質的な豊かさを通じて愛情を示す。

♊ 双子座にある
知的な刺激を与えることで成長を促していく。会話や情報共有を通じてケアを行い、柔軟な対応力がある。

♋ 蟹座にある
感情的なつながりを大切にし、献身的に支えて育てる。生活圏における安心感が重要で、母性的な愛情を注ぐ。

♌ 獅子座にある
自己表現や創造的な活動を通じてケアをする。褒めることや注目を向けることで、愛情を伝えていくタイプ。

♍ 乙女座にある
実務的なサポートや健康管理を通じてケアを提供する。細やかな気配りをし、実際に役立つ形で愛情を示しがち。

♎ 天秤座にある
調和や美を大切にし、対等な関係で精神性を育む。距離感やバランスを重視し、礼儀と喜びを両立させてケアをする。

♏ 蠍座にある
深い精神的な絆を重視し、強い保護本能を持つ。変容や再生のプロセスを支え、内面に寄り添うケアをする。

♐ 射手座にある
視野を広げることを重視し、自由な成長を促す。旅行や学び、哲学的な探求を通じて精神的なケアを行う。

♑ 山羊座にある
責任感を持って養育し、現実的なサポートを行う。厳しくも温かいケアを提供する。実力と心の充足感の両立。

♒ 水瓶座にある
個性を尊重し、独自の価値観を伸ばす育み方。自由や平等を重視し、型にはまらないことで癒やし癒やされる。

♓ 魚座にある
共感力を活かし、無条件の愛でケアを行う。スピリチュアルな癒やしや感受性の高いサポートを提供できる。

問題解決の思考を知る
パラス

 どんな神話や神様？

パラス・アテナは、ギリシャ神話における知恵、戦略、正義、技芸の女神です。ゼウスの頭から生まれたとされ、戦いの女神でありながらも知恵と平和、職人的な技法や伝統的な技を司る存在として伝えられています。

 パラスが…

♈ 牡羊座にある
問題解決能力が高く、戦略的思考力と行動力が備わっています。率先して新しい知識を得ようとする好奇心も。

♉ 牡牛座にある
実践的な知識を重視します。芸術的な才能と実務能力を兼ね備え、クリエイティブなアイデアを得意とします。

♊ 双子座にある
優れたコミュニケーション能力を有します。問題に対して多面的な視点から分析できる高い判断能力を持つ傾向も。

♋ 蟹座にある
人の悩みや感情的な問題に寄り添える人。現実の問題と心の問題をうまくリンクさせ解決することを得意とします。

♌ 獅子座にある
強いリーダーシップを発揮できる人物。戦略的な思考に富み、順序立てて課題や問題に取り組むことができます。

♍ 乙女座にある
分析能力に長け、細部まで行き届いた戦略を立てられる人。実践的な知恵と技術的な専門性を重視する傾向も。

♎ 天秤座にある
複数の視点や価値観を持ちながら、公平な判断能力を持っています。揉めごとやトラブルに強いのも特徴です。

♏ 蠍座にある
鋭い洞察力と直感力で問題の本質を見抜きます。心理的な戦略に長けており、組織や集団に変革をもたらす力も。

♐ 射手座にある
哲学的な知恵と広い視野を持ち、大局的な戦略を立てられます。特に海外や異文化の知識習得を得意とします。

♑ 山羊座にある
実務的な知識と組織力があり、短期戦よりも長期的な戦略を立てるのが得意。伝統的な技能や技への関心も。

♒ 水瓶座にある
革新的な発想と独創的な問題解決能力を持っています。従来の枠にとらわれない戦略的思考を得意とするでしょう。

♓ 魚座にある
独特で芸術的な感性を持ちながらも、それを現実に落とし込むのが得意。相手の悩みに共感できる心の優しさも。

関係性の重要ポイントを知る
ジュノー

どんな神話や神様?

ジュノーはローマ神話における最高の女神であり、結婚と出産の守護神。ギリシャ神話ではヘラとして知られ、ゼウスの妻として夫婦の絆を象徴しています。理想のパートナー像や長期的な関係性を示すポイントを見ることができます。

 ジュノーが…

♈ 牡羊座にある
自立したパートナーシップを求め、刺激や挑戦が重要です。対等な関係を保ちつつ、情熱的な絆を築いていける。

♉ 牡牛座にある
物質面と精神面の両面から安定と信頼を重視する。経済的な安心感が絆を強化し継続していく傾向がある。

♊ 双子座にある
知的な刺激や楽しみを重視し、自由な関係性を好む。変化を楽しみながら、軽やかな絆を築く傾向がある。

♋ 蟹座にある
感情的な結びつきを大切にし、身内感のある関係性を求める。深い愛情と献身によって安心感を与え合いたい。

♌ 獅子座にある
ドラマチックな愛と情熱を求め、注目されると元気がみなぎる。お互いを称賛し合い、高め合える関係性を築きたい。

♍ 乙女座にある
実務的で支え合う関係を求め、細やかな配慮を提供していく。お互いの成長を助けるような関係を求める傾向。

♎ 天秤座にある
年齢や性別などを超えた対等な関係を求める想いが強め。調和や洗練された関係を大切にし、社交的な絆を築く。

♏ 蠍座にある
深く情熱的な絆を求め、強い結びつきにこだわる。関係の変容や試練を乗り越えながら絆と信頼を深めていく。

♐ 射手座にある
自由と冒険を尊重し、束縛のない関係を求める。精神的な成長を共に目指せるパートナーシップを理想とする。

♑ 山羊座にある
長期的な安定した関係が大前提。伝統や社会的な立場を重視し、堅実なパートナーシップを築く傾向にある。

♒ 水瓶座にある
独立性を尊重し、お互いに尊敬し合える関係性を好む。型にはまらない絆を築き、友情の延長のような関係が理想。

♓ 魚座にある
無条件の愛を信じ、夢のある関係性を築きたい。感受性が強く、スピリチュアルなつながりを大切にする傾向。

義務感を感じ、自己を捧げる分野を知る

ベスタ

どんな神話や神様?

ベスタはローマ神話における炉と家庭の火を司る処女神です。永遠の処女神として純潔を誓い続けたことから、揺るがぬ信念を持ち、粘り強く取り組める分野や使命を知る手がかりとなります。

――― ベスタが… ―――

♈ 牡羊座にある
個人的な目標や挑戦に全力を尽くします。自分の信念や理想を追求することに情熱を注ぎ、没頭します。

♉ 牡牛座にある
アイデアを形にすることに没頭。芸術や手仕事、資産形成など、確実で具体的な価値を生み出していく。

♊ 双子座にある
知識や情報への探求心を強くして、向き合っていく。多様な分野に興味を持ち、柔軟な視点で理解を深める。

♋ 蟹座にある
深い人間関係の構築や芸術的センスの向上に熱心に取り組みます。愛情深く、心の絆を大切にする。献身的な一面も。

♌ 獅子座にある
自己表現や創造的な活動に没頭。自尊心を抱き、期待された役割を果たしながら信念を貫いていく。

♍ 乙女座にある
細部へのこだわりや完璧を求める姿勢。仕事の質を高めることや、効率的なシステム構築に力を発揮します。

♎ 天秤座にある
健やかな心のあり方や対人関係、献身性。公平さを大切にし、パートナーシップや芸術などの分野で能力を発揮。

♏ 蠍座にある
専門的な研究やリサーチに徹底的に取り組む傾向。精神的な変容や隠された真実に惹かれ、探求に没頭します。

♐ 射手座にある
精神的な探求に熱中し、高い理想を追い求めます。哲学や宗教の研究、異文化理解など、視野を広げていく。

♑ 山羊座にある
キャリアや社会的責任に強い集中力を発揮。長期的な目標の達成や組織の発展に向けて献身的に取り組みます。

♒ 水瓶座にある
ユニークなアイデアや社会改革に突き進む。固定概念にとらわれず、新しい価値観を追求する。変革に尽力。

♓ 魚座にある
精神世界や芸術に没頭し、無私の愛を捧げるような意識。直感的で、見えないものに対する強い感受性を持つ。

魂の傷と癒やしの才能
キロン

どんな神話や神様?

キロンはギリシャ神話に登場する賢明なケンタウロスです。不死の存在でありながら、致命的な傷を負い、永遠に癒えない苦痛を抱えることになった経験から、医療技術を高め、多くを癒やす存在として語り継がれています。

キロンが…

♈ 牡羊座にある
自己主張や個性に傷や悩みを持っています。その分、他者の自信回復や自己実現をサポートできる力を持ちます。

♉ 牡牛座にある
自己否定や物質的な不安を抱えています。その経験から、他者の経済的な自立を支援できる知恵を持ちます。

♊ 双子座にある
コミュニケーションや学びに関する傷があります。その経験を活かし、人の声を代弁する力を持っています。

♋ 蟹座にある
家族関係での深い傷を持ちます。その経験から、心の傷を持つ人々に深い共感と癒やしをもたらす力があります。

♌ 獅子座にある
自己アピールや創造性に関する傷を抱えています。その分、他者の才能や個性を開花させることを得意とします。

♍ 乙女座にある
完璧さを追求する部分に傷があります。その経験から、他社を正しく導き、サポートする実践的な知恵を持ちます。

♎ 天秤座にある
人間関係やパートナーシップでの傷を持ちます。その経験を活かし、関係性の修復や調和を導く力を持ちます。

♏ 蠍座にある
信頼や友情に関する深い傷があります。その経験から、他者の深い心の闇に寄り添い再生を助ける力を持ちます。

♐ 射手座にある
信念や人生の意味に関する傷を抱えます。その経験から、他者の精神的な成長や人生の指針を示す力があります。

♑ 山羊座にある
社会的評価や責任に関する傷を持ちます。その経験から、人を選ばずサポートできる優しさを持っています。

♒ 水瓶座にある
コミュニティや独自性に関する傷があります。その経験から、社会的な変革や新しい可能性を示す力を持ちます。

♓ 魚座にある
物質と心の境界線や現実との向き合いに関する傷を抱えます。その分、人の痛みを癒やし理解することができます。

2つの楽器が奏でる
より深いあなた
アスペクトを知る

天体たちは共鳴し合う
アスペクトによる星同士の相関性をみていこう

　アスペクトとは、ホロスコープ上で天体同士が形成する角度のことです。**天体は、アスペクトを通じて互いに影響を与え合い、その関係性から性格の特徴や人間関係の傾向を読み取ることができます。**自分のネイタルチャートと運行の天体とのアスペクトで運勢を、誰かのホロスコープを重ねたシナストリーと呼ばれる相性図では、お相手との相性を読むことができるのです。また、アスペクトは影響の度合いによっていくつかに分類されます。よく使われる分類は、メジャーアスペクトとマイナーアスペクトと呼び分けるものです。メジャーアスペクトは、0度（コンジャンクション）、60度（セクスタイル）、90度（スクエア）、120度（トライン）、150度（インコンジャンクト）、180度（オポジション）の6種類。マイナーアスペクトには、45度（セミスクエア）、72度（クインタイル）、135度（セスキコードレイト）などがあります。また、天体が他のどの天体とも角度をとらず、関係を持たない状態はノーアスペクト（ノーアス）と呼ばれています。

メジャーアスペクトキーワード集

0度
2つの天体があるサインで重なっている状態をコンジャンクション（合）と言います。アスペクトの中でもっとも影響力が高く、そのサインやハウスの意味も強調されます。

60度
2つの星が60度の角度になることをセクスタイルと言います。二区分が同じで、フォローし合えるアスペクト。調和していますが、外に開かれているため、他の天体の影響を受けやすい。

90度
2つの星が90度の角度であることをスクエアと言います。プレッシャーや反発心を抱く、かなり緊張状態の強い関係です。現状突破や大きな方向転換に強烈な力を発揮します。

120度
2つの星が120度の角度になっていることをトラインと言います。お互いのよいところを引き出し合う関係と言え、フォローし合い、よいムードで調和がとれています。

150度
150度は、マイナーアスペクトに数えられることもあります。星同士が異なる要素を持ち、違和感や無理解を生みやすく、意識的な歩み寄りを求められる配置。調整や再構成の意味を持つ。

180度
2つの星が真正面で向き合うことをオポジション（衝）と言います。お互いを強く意識し、緊張感のある関係です。迷いや相反する感情を表すこともあります。

0度 コンジャンクション

アスペクトの中でも、もっとも強い影響力を持つ

　コンジャンクションとは、ホロスコープ上で2つ以上の天体が非常に近い位置にあり、互いのエネルギーが強く結びつくアスペクトです。日本語では「合」と呼びます。この配置では、関わる天体同士の影響が融合し、その特性がいっそう強調されるため、強い個性や才能を生み出すことがあります。一方で、天体の性質によっては、一方のエネルギーがもう一方を圧倒することや、バランスを取ることが難しくなることもあると言われているので、実感と照らし合わせることも大切です。このアスペクトは、その人の性格や運命に強い影響を与える重要なアスペクトの一つとされています。

◆◆◆ ──────────────── ◆◆◆

ホロスコープ上に0度があると…

　例えば、ホロスコープ上に、月（心や感情を司る）と火星（衝動性を司る）が0度で合となった場合は、衝動的な行動・感情の表れやすさを読むことができます。もし、牡羊座でこのアスペクトが起これば、感情がストレートに表れ、即行動する傾向が強まります。蟹座なら、身近な人を守りたい気持ちが行動によって強調されます。さらに、1ハウスなら自己主張が強く、7ハウスなら対人関係で感情が揺れやすくなるでしょう。このように、アスペクトの影響はサインやハウスによって変わり、ホロスコープを総合的に読むことが重要です。

セクスタイル

才能や可能性、成長、創意工夫する力がある

　セクスタイルとは、ホロスコープ上の2つの天体が黄道上で60度の角度を作っている状態のことを言い、日本語では「六分」と呼びます。12星座を奇数星座と偶数星座の2つに分けることを「二区分」（ポラリティ）と呼びますが、この奇数星座、偶数星座同士がそれぞれアスペクトを取り、風と火、水と土の間でのみ形成されるので、男女のような関係性になるのが特徴です。またセクスタイルには、才能や可能性、成長という意味があり、トライン（120度）よりも創意工夫する力があるとされ、問題解決の方向性を示します。

ホロスコープ上に60度があると…

　ホロスコープ上に60度を取るセクスタイルは、同じ性質のサインになるので、お互いに働きかけてフォローし合える関係になります。トライン（120度）は同じエレメントなのでサインの快適さや調和を維持しようとしますが、セクスタイルの場合、性質は同じでもエレメントが違うため、応用を利かせて発展を目指します。またセクスタイルは、チャンスが与えられることを意味し、物事が円滑に運ぶことを示します。調和的である別のエレメントの資質が加わることによって、刺激的な相乗効果が生まれ活性化すると言っていいでしょう。

緊張や不安、衝撃を与え合う関係

　スクエアとは、ホロスコープ上の2つの天体が黄道上で90度の角度を作っている状態のことを言い、日本語では「矩<く>」と呼びます。スクエアは、活動宮同士、不動宮同士、柔軟宮同士など同じ性質を持つ2つの天体のエネルギーがぶつかり合う状態と言え、お互いに緊張や不安、衝撃を与え合う関係です。また、スクエアは性質が異なる星座（サイン）で形成されるので、その人の人生の転機や成長などに影響すると言われています。その意味では、困難や障害、犠牲を克服しながら、新たな力を手に入れていくアスペクトと言っていいでしょう。

◆◆―――――――――――――――◆◆

ホロスコープ上に90度があると…

　ホロスコープ上に90度があると、かみ合うところがない異質同士の星なので、お互いの価値観が合わずぶつかり合います。しかし、困難が発生するからこそ現状を打破しようとするパワーが生まれ、問題解決や方向転換のエネルギーが生まれます。スクエアがあると、課題が発生する一方で心の迷いや摩擦、問題を解決する力を身に着けられるという側面があるのです。そのエネルギーが大きな原動力となり、通常の力では乗り越えられないような逆境を乗り越えたり、普通では生み出せないような新しい価値観を生み出したりすることがあります。

120度 トライン

順調に発展させる幸運のアスペクト

　トラインとは、ホロスコープ上の2つの天体が黄道上で120度に向かい合う位置にある状態を言い、日本語では「三分」と呼びます。トラインは、基本的には火と火、地と地、風と風、水と水というように同じエレメント内で天体が影響し合います。そのため、お互いにぶつかることはなく、よい部分を引き出し合える関係です。お互いの天体の性質を順調に発展させるため、幸運のアスペクトとも呼ばれます。また、同じエレメントの中で起こるので、その元素の力を強める反面、安易な方向に流れやすく油断を生むこともあります。

ホロスコープ上に120度があると…

　ホロスコープ上に120度がある場合は、リラックスした親和性のある位置関係といえ、考え方や価値観が同じで、とても相性がよい間柄です。また、考え方や価値観が同じでありながら、行動パターンは違うため「そういうやり方もあるのか！」という気づきや発見があり、もともと持っている長所をさらに引き伸ばすことができる相乗効果が働く関係でもあります。ただ、矛盾がない分、安易に楽な方向へ進みすぎたり、他の要素が入らないために閉鎖的になったりすることがあり、自己実現の力が弱くなる可能性もあるでしょう。

150度 インコンジャンクト

異なる資質を調整し、才能や能力を磨く

インコンジャンクトとは、ホロスコープ上の2つの天体が黄道上で150度の角度を作っている状態のことを言い、クインカンクスと呼ぶこともあります。インコンジャンクトには、互いに影響し合うという意味があり、解釈によってはマイナーアスペクトに分類されていますが、メジャーアスペクトと同じように重要なアスペクトでもあります。またインコンジャンクトは、二区分、三区分、四区分すべてが異なる天体で形成されていて、異なる資質を調整するという意味を持ちます。困難や努力の暗示のある角度ですが、才能や能力を磨く力を秘めています。

ホロスコープ上に150度があると…

ホロスコープ上に150度がある場合は、関わる天体同士のエネルギーが調和しにくく、調整することが必要かもしれません。互いの性質が異なり、自然には理解しにくいため、無意識に違和感を覚えやすくなります。このアスペクトを持つ人は、特定のテーマで試行錯誤を重ねながら成長し、独自のバランスを見つけていくことが重要です。しかし、意識的に調整することで、自己管理能力や忍耐力を磨くことができます。インコンジャンクトは、違和感を乗り越えることで成長を促し、柔軟な適応力と自己理解を深めるカギとなるアスペクトです。

180度
オポジション

緊張や対立などを生みやすい

　オポジションとは、ホロスコープ上の2つの天体が黄道上で、180度で向かい合う位置の状態のことを言い、日本語では「衝」と呼びます。互いを強く意識する、緊張感のある関係です。真正面から対立し合う状態で、綱引きのように引っ張り合ったり、片方に力が入りすぎたりするため、矛盾が生じやすくなるのです。特に一方が、もう一方に向かって積極的に働きかけていくことが要因となり、緊張や対立関係などを生みやすいと言えるでしょう。また、外に向けて何かを表現していく際に、必要になるアスペクトでもあります。

ホロスコープ上に180度があると…

　ホロスコープ上に180度があると、関わる天体同士が向かい合い、対立や緊張を生みやすい配置となります。このアスペクトはオポジションと呼ばれ、互いのエネルギーが引き合いながらも、バランスを取ることが求められます。オポジションを持つ人は、異なる要素の間で心の迷いを感じやすいですが、悩みに向き合っていく中で、心の揺れを通じて自己理解を深め、成長のチャンスを得ることができます。このアスペクトは、対立を乗り越えることで自己の可能性を広げ、人間関係や人生の選択において大きな成長を促す重要な配置です。

注目したいマイナーアスペクト

成長・発展する機会が得られにくい

―― 度
ノーアスペクト

　どの天体ともアスペクトを形成していない、独立した状態をノーアスペクトと言います。他の天体との相互作用がないため、意識しない限りその天体のエネルギーが活性化しにくく、成長や発展の機会が得られにくい傾向が。そのため、その天体の象意が現れるまでに時間がかかったり、過剰に現れたりと両極端になることも。この特性を利用して、天体の意味そのものを発展させ、特定の分野に活かすこともできそうです。

影響力は弱いけれどストレスを感じやすい

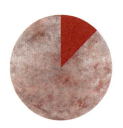

45度
セミスクエア

　2つの天体が黄道上で45度離れた位置にあり、スクエア（90度）の半分なのでセミスクエアと呼ばれます。このアスペクトは、小さな緊張やストレスを生み出し、内面的な苦悩を引き起こします。スクエアほどの強い衝突ではありませんが、無意識のうちに違和感を覚えることがあり、意識的に向き合うことで日常的な小さな摩擦に気づけます。それを乗り越えることで、自分の内面的な成長へとつながっていくでしょう。

自由に伸び伸びと好きなことをする

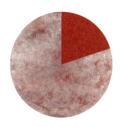

72度 クインタイル

　2つの天体が黄道上で72度離れた位置にある状態のことをクインタイルと言います。このアスペクトは、一般的に調和的なエネルギーを持ち、隠れた才能や創造的な発想を示します。トライン（120度）ほどのスムーズな流れではありませんが、努力を通じて発展しやすい配置です。このアスペクトを持つ人は、潜在的な可能性を発揮するために、タイミングを見極めたり、力加減を調整するなど、意識的な努力を重ねることがカギとなります。

困難や否定、衝動性や課題がある

135度 セスキコードレイト

　2つの天体が黄道上で135度離れた位置にある状態をセスキコードレイトと言います。スクエア（90度）とセミスクエア（45度）を足した角度で、困難や否定、衝動性や課題という意味があります。そのため、困難からの学びによって成長するという効果はあまり強くないでしょう。ただし、セスキコードレイトには、制御という意味もあり、2つの天体がそれぞれ最大限の力を発揮することで新しいものを生み出すことができます。

人生のあらゆるシーンで心と向き合う

ホロスコープはあなたのあらゆる可能性を示唆するものであり、自己理解への手がかりです。「人生は反復だ」という言葉もありますが、生きることが自然と上達していくのは、繰り返し同じことをしているからなのかもしれません。何かを練習しているつもりはなくとも、自然と学び、上手な対応ができるようになっています。

もしも、ホロスコープがあなたという人生を表す「楽譜」のようなものだとしたら、天体は楽器です。星座（サイン）は、演奏スタイルや音楽のジャンルを決める要素であり、ハウスは楽曲の展開や場面設定です。

それぞれのシーンで流れる BGM でもあり、相応しいからこそ響く音色があります。天体という楽器を使いこなすように、自らの「心」と上手に向き合いながら、昔よりも上達した振る舞いや魅力を増した表情で、大切な人と関わっていけるようになっていく。

経験と共に演奏は洗練され、リズムやテンポも自分にとって心地よいものになっていきます。天体の影響を受けずに誕生した人はいません。一期一会の出会いによって、特別な旋律が生まれているとしたら、それはとても素敵なことですね。

第 3 章

心と人生を映す
星たちからのメッセージ

すべての天体が、あなたの個性を形作っています。
ホロスコープを眺めて、星の配置から、
自分らしさと可能性を見つけていきましょう。

ホロスコープから

経験し星を使いこなして、心は成熟する

　これまでの章では、星座や天体についてご紹介をしてきました。星がどのような位置関係にあるのか、どのハウスに入っているのかを知ることで、自分自身への洞察が深くなります。自分と関係のない星座は存在しません。むしろ、意識していなかった星座こそが、あなたの深層心理を司り、気質を的確に説明してくれることだってあり得るのです。

　第3章では、多くの人が経験する心の摩擦や成長の痛みを、天体とハウスに焦点を当てて切り取ってみました。星占いは誰にとっても平等なもの。すべての人が同じ天体を持ち、それぞれの星座が個性を彩り、天体同士の関わりが唯一無二の個性を紡いでいます。

　誰かの幸福を羨んだとき、それは特定の天体が過敏に反応しているのかもしれません。そして、自分自身の運命をまっすぐに歩めたとき、「私」の持つすべての天体は調和し、唯一無二の輝きを放ちます。

自分をもっと深く知る

　本質的には同じ悩みでも、成り行きや背景が異なることで、共感を得られなかったり、相談しても本質から外れた慰めや助言に違和感を覚え、無理解に傷ついてしまい「私が我慢すればいいや」と、ひとりで抱え込んでしまうことがあるかもしれません。

　特に、月はもっとも傷つきやすい心の深い部分を担い、水星はあなたが情報をどのように受け取り、処理するのかを示します。私たちが世界を感知する瞬間、それは情報として捉えられ、水星はそのフィルターとなります。どのように考え、どのように反応するのかは、水星が大きく関わっています。
　そして、金星はあなた自身を輝かせるカギです。人生に彩りをもたらし、魅力を引き出し、喜びを感じる力を育む天体です。
　火星は、あなたが自らの人生を切り開いていく活力そのものを表しています。怒ることは、あまりよくないこととされていますが、情熱の発散をしなければ、心は凍え、風邪を引きます。
　木星と土星について考えることで、自らのチャンスと発展のタイミングを知ることができるはず。

　この章が、あなたの強さと美しさに改めて気がつく、その小さなきっかけとなれば幸いです。

月星座で読むあなた
あなたが悩みやすい事柄

　心において意識しづらい、内面的な部分を月星座は表します。つまり、月星座が持つ特徴を押さえることで、あなたがぶつかりやすい困難や、悩みの傾向を知ることができるのです。あなたの心に絡まりやすい「モヤモヤ」について見ていきましょう。

月星座が牡羊座
誰にも止められない勢い

　自らの過激さが手にあまる。あなたがどんなに大らかに振る舞おうとも、誇りや大切にしているものを、傷つけられたと感じたら、あなたの感情は瞬時に限界突破して、情熱が怒りとして放出されてしまいます。守るために怒れることは、才能です。

月星座が牡牛座
理想が高くなってしまう

　あなたの中で繰り広げられる想像があまりにも豊かで、期待がワクワクと大きくなるから起きてしまいます。あなた自身が自らの創造力を発揮してもいいのかも。求めることを諦めずに、自分が満足できるものを、この世に生み出していきましょう。

月星座が双子座
気が散ってしまいやすい

　あれもこれもと手を出したい。ふと意識が飛びやすい傾向。あなたの長所でもある知的好奇心の高さが、集中力を分散させてしまいます。開き直ってマルチタスクに事を進めるのも◎。違う分野の知識を活かし、思わぬ発明と発見に出会えそうです。

月星座が蟹座
親しみと共に愛しすぎる

　おもてなしをしすぎてしまう。基本的に親切さは美徳です。しかし、あなたは人を甘やかしてしまうかも。相手の笑顔のために頑張りながら、自らの喜びと楽しみを日常の中に見つけること。色んな方向から自分自身を満たしていくことも大切です。

月星座が獅子座
ひとりで背負いすぎてしまう
　力業を使いすぎて疲弊する。自分に厳しく誇り高いということは、低い自己評価の上に努力を重ねていくことと同じです。時にはリラックスを意識し、周囲を頼っていくこと。理想に向かって頑張るあなたを、多くの人たちが応援してくれるはずです。

月星座が乙女座
小さなことが気になりすぎる
　自分に厳しいレベルを求めがち。自己評価がシビアなのは、鋭い分析力が、自分に向いてしまうから。休むことより、働いているほうが性に合うかもしれません。心身のバランスに意識を向けて、自分自身を大切にすることを心がけていきましょう。

月星座が天秤座
見すごせない不器用さ
　普段とのギャップを生む、強い正義感。あなたの印象を上書きするほど、不正に対する嫌悪感は強いはず。また人間関係の摩擦や、不和な空気感を察知し、当事者でなくともストレスを感じます。問題意識を抱けることは、待遇改善へとつながります。

月星座が蠍座
「もしも」を考えすぎてしまう
　悪い妄想が止まらない。心に浮かんだ怖い想像を脳内で展開させがち。嫌うからこそ凝視するのは、不意打ちされないための予防策。しかし悪い想像ベースで動いてしまうと、現実とのズレが出てきます。フラットな視点を意識することも忘れずに。

月星座が射手座
集団行動が好きじゃない
　自然と単独行動が多くなる。人に期待も依存もしないが世界に対する期待は大きい傾向。多くのことに前向きに挑戦し、事後報告になりやすい。計画は未定のままであっても、旅立つ前には伝えましょう。自由な歩みを止める必要はありません。

月星座が山羊座
何かをやっていたい欲
　タスクにとらわれすぎてしまう。やるべきことを終わらせると、大きな充足感に包まれます。それは強い安心感として心に刻み込まれ、暇な時間には不安を感じ仕事を探してしまいがち。休むことも仕事だと割り切って自らを労っていきましょう。

月星座が水瓶座
孤独感を覚える
　そっけない態度になってしまう。相手の考えや意志を尊重すると、距離は空いてしまいます。冷めた人だと誤解されると、自己表現は窮屈に。ストレートな言葉や態度で気持ちを表現することで、あなたの人柄が理解され、周囲との壁はなくなります。

月星座が魚座
虚無モードがやってくる
　何もしたくないときがある。言葉よりも感覚的につながることを好むため、現実に即した説明や行動が疎かになることが。深く内面に潜る時間が必要です。本当に必要なものを見定めつつ一歩を踏み出せば、動き出せるタイミングを掴めるでしょう。

月星座で読むあなた
子どもの頃に無意識に期待しやすいこと

　月星座は、生まれ持っている素質です。そのため、無条件に認められたいとつい思ってしまいがち。ここでは、あなたが無意識に期待しやすいことをご紹介します。それはある意味、期待を裏切られやすいポイント。心を癒やす特効薬になるかも知れません。

月星座が牡羊座
無邪気に情熱を燃やすこと

　純粋な生命力は、頭ごなしに押さえつけられると、不完全燃焼が生じます。あなたは力強さのある子どもでした。そんなあなたを守りたくて、大人たちは制御してしまったかもしれません。結果ではなくて挑戦してきた自分自身を褒めてあげましょう。

月星座が牡牛座
欲しいものを掴むこと

　あなたは五感や感受性が豊かな子どもでした。そのこだわりに対する大人達の反応は、あなたが世界に対して抱く無意識の信頼感に影響します。可能な範囲で自分の嗜好を現実に取り入れ、お気に入りを集めながら心地よい環境を作っていきましょう。

月星座が双子座
知的好奇心を満たせること

　気になったことは、すぐに知りたい解決したい欲。純朴さと知識欲のあるあなたは、この世界を楽しむ素質の高い子ども。何故なにどうして、と質問した際に、自分で調べなさいと何度も強く言われてしまうと、心は傷つき行動力が低下しやすくなる。

月星座が蟹座
味方でいてくれること

　安心への欲求が高め。特に家族や身内に対する意識は大きくなり、心を寄せた存在を守ることが行動指針に。心優しくも好きと嫌いが明確な子どもだったあなた。抱きしめた存在があなたの愛情を汲み取ってくれるのかで、愛し方に個性が出ます。

月星座が獅子座
自尊心を当然のものと考える
　お互いに高め合うことや、周囲に対するポジティブな意識や反応を期待しやすくなります。人の暗い側面に影響を受けやすく、さまざまな経験から警戒心も高くなりやすいのですが、善良さは失われません。自らの理想に周囲を巻き込みやすい傾向も。

月星座が乙女座
自分像を崩されないこと
　最良の選択肢を選び取りたい願望。素直な心で親や周囲を信頼し、相手の要望を無意識に感じ取りやすい。相手の期待に応えつつ、自分にとってもベストな選択を。懸命に考えるので、条件を後出しされるとげんなり。力の抜き方を覚えると◎。

月星座が天秤座
前向きさを持って関わること
　ウソのない関係性とウソをつかなくてもいい環境を求めてしまう。心の奥から湧き出る高い理想を実現しようとして、色んな人に配慮しがち。当たり前だと思っていたことが、自分の個性だと気がつけたとき、本当の意味での公平さを手にできます。

月星座が蠍座
深いところで結ばれたい
　清らかな愛情の元で己の世界観を深めること。そして、その世界観を誰にも邪魔されずに育んでいきたい。その深い願望に気がつける大人は少ないかもしれません。あなたが生きていく中で、自らが輝きたい世界が見つかると心の平穏が訪れます。

月星座が射手座
もっとも大切な真理を求める
　高い完成度と精度を求めがち。真理を求め、世界の可能性をまだ知らないだけだと自分自身を追い詰めがち。あらゆる選択の先に、胸の内にあった焦燥感は落ち着き、人生の輪郭が現れます。あなたにしか訪れない幸福を、かみ締めることが叶います。

月星座が山羊座
自分を鍛える機会を欲する
　大人や環境に対して無闇な反発をせず、自らの価値観を常識に沿わせる、実直さを持つあなた。より良い人生を求めたときに、成長への強烈な渇望を感じるでしょう。すべての経験を糧にして価値観を磨き上げたとき、満足度の高い人生へと到達します。

月星座が水瓶座
個性を活かして生きること
　自由な発想と独自の感性を持ち、型にはまらない生き方を優先したいという願望。どこかクールな雰囲気のある子どもだったかも。周囲と違っても「それでいい」と思える環境が大切です。自分の個性とユニークさを伸び伸びと表現していきましょう。

月星座が魚座
無条件の愛と優しさを期待する
　繊細で想像力が豊かな子ども時代は、感情を自由に表現できる環境が重要に。子どもらしい柔らかさと空気を察知し、大人の事情を優先する優しさから、知らずに相手の感情を受け取りやすい傾向が。確固たる線引きを意識できれば大丈夫です。

水星星座で読むあなた
関心を持ちやすいこと

　水星は世界との接点です。私たちには趣味嗜好や考え方の癖があり、自分の水星星座を知ることは、その癖と世界に対する意識やフィルターを把握することにつながります。ここでは、特に、水星が反応しやすいであろう事柄について12星座別に紹介をしています。

水星星座が牡羊座
情熱をかき立てられたい

　新しい挑戦やアイデアに敏感でスピーディーな情報や即行動できる話題に強く惹かれます。シンプルで明快な答えを求め、理論よりも直感を優先。競争や自己主張が求められる環境では勘や思考が冴えていく。刺激的で熱量のあるテーマに興味を持つ。

水星星座が牡牛座
美や心地よい体験に関心を持つ

　美しいもの全般への興味関心。食・音楽・アート・香り・ファッションなど五感を満たすものに強く惹かれる傾向。本物志向で実用性や、安定した価値観を重視し、流行には左右されません。焦らずゆっくりと、消化していくように吟味していきます。

水星星座が双子座
楽しそうならすべて守備範囲

　知識欲が旺盛で、最新のニュース・雑学・トレンドに敏感。SNSも駆使して、幅広いジャンルに興味を持つでしょう。軽快なコミュニケーションを楽しみ、言葉や情報を扱うのが得意です。多様な視点に触れながら、新鮮な刺激を追い求める傾向。

水星星座が蟹座
心が揺さぶられる話題

　エモい話題に関心を持ちやすく、家族・歴史・伝統・人とのつながりに強い興味を抱きます。共感力が高く、感情や思い出に結びついた温かいストーリーや感動的な出来事に惹かれがち。自分の気持ちに響くかが重要。安心できる環境で考えを深める。

水星星座が獅子座
自分が好きなジャンルにまっすぐ
　自己表現や創造性を発揮できる話題やエンターテインメント・アートに関心を持ちやすい。情熱的でドラマチックなストーリーを好み、人を惹きつける言葉や表現を好む傾向。また独自の趣味趣向を深めてくれるものには、夢中になりやすい。

水星星座が乙女座
お役立ち情報は知りたいかも
　健康・仕事・整理整頓・分析などに関する役立つ情報に強く惹かれます。論理的に言動の違和感をチェックし整理しながら、効率的な方法や問題解決のために知識を求めていく。実践的で具体的な情報を重視し、細部へのこだわりが思考の軸となる。

水星星座が天秤座
皆の話題に興味津々
　美意識やバランスを意識し、ファッション・デザイン・芸術・人間関係・対話に強く関心を持つ。調和のとれた考え方や公平な視点を重視し、議論や意見交換を通じて知的な刺激を楽しむ。洗練された表現やスマートな会話で交流しながら情報を収集。

水星星座が蠍座
真実と本質に関心を寄せる
　物事の本質や深層心理に強く惹かれ、心理学・ミステリー・哲学・スピリチュアルなど、表面では見えない部分に関心を持つ。洞察力が鋭く、秘密や隠された真実を探究できる。深く掘り下げた知識や核心を突く議論を好み、浅い話題には緩めな共感。

水星星座が射手座
思想や考え方に興味を示す
　広い視野を持ち、哲学・宗教・海外文化・冒険・旅行・学問など、大きなテーマに関心を抱く。自由な発想で知識を探求し、理想やビジョンを追求。抽象的な概念や未来への話題に惹かれ、新しい知識と経験からワクワクする発見や気づきを欲する。

水星星座が山羊座
実用的な学びに興味関心
　現実的で実用性のある知識を重視し、ビジネス・歴史・経済・社会構造・目標達成に関心を持つ。計画的で論理的な思考を好み、成功率や完成度を高める情報を求める。堅実で責任感が強く、権威ある情報に信頼を置きがちだが、慎重に精査していく。

水星星座が水瓶座
革新的で最新情報に関心
　未来を明るくするテクノロジー・宇宙・サイエンス・社会改革・新しい思想に関心を持つ。独自の視点で物事を考えるのが得意。論理的ながら型破りな発想で、自由な議論や知的刺激を求めがち。最新のトレンドや斬新なアイデアに敏感な傾向も。

水星星座が魚座
心が癒やされる話題が好き
　感覚的で直感を刺激する話題に惹かれ、アート・音楽・スピリチュアル・夢・神秘的な世界に関心を持つ。物語や映像、詩的な言葉に共鳴しやすく、曖昧さや余白のある表現を好みます。現実と空想を行き来しながらインスピレーションを深めていく。

水星星座 で読むあなた
コミュニケーションの取り方の特徴

　水星は情報の伝達係です。私たちが思ったことを言葉にする時、水星が思考を口元まで持ってきてくれているのかも。それほど、話し方や言葉選びには水星星座の特徴が表れます。水星星座への理解を深め、客観的に人との関わり方について考察をしましょう。

水星星座が牡羊座
率直でスピーディー
　率直でスピーディーな会話を好み、思ったことが口に出やすい。熱意が伝わりやすい反面、単刀直入すぎることも。議論や意見交換が得意で、行動力のある言葉を使う。新しいアイデアを素早く発信し、決断も早いが、細かい説明を省略しがち。

水星星座が牡牛座
慎重で安定感のある話し方
　落ち着いた口調でゆっくり話し、慎重に言葉を選ぶ。論理よりも感覚的な表現を好み、具体的な事例や体験を交えながら説明する。じっくり考えてから発言するため説得力があるが、変化には時間がかかる。聞き上手で安心感のある話し方が多い傾向。

水星星座が双子座
情報通で会話が軽快
　情報を素早くキャッチし、軽快な会話を楽しむ。話題が豊富で、知識を広く浅く収集しながら、テンポよくワードを繰り出していくことが特徴的。好奇心旺盛で社交的だが、話が飛びやすいことも。状況に合わせたテンションに調整することができる。

水星星座が蟹座
感情豊かで共感力が高い
　共感力が高く、感情を込めた温かい言葉を使う傾向。親しい人との会話を大切にし、心のこもったコミュニケーションを重視していく。相手の気持ちを察して話すため優しい印象を与えるが、感情に左右されやすく、主観的になりすぎることもある。

水星星座が獅子座 ♌

自分軸の見える表現力

　表現力が豊かでドラマチックな話し方。自分の出番でない時は無口。自信に満ちた語り口で、人を惹きつける力がある。誇張や演出を交えながら、聞き手の興味を引く話し方をするが、自分の話に夢中になりすぎることも。堂々とした意見表明が得意。

水星星座が乙女座 ♍

大切なことをきちんと伝える

　無意識に分析をしてしまう。細かい点まで正確に伝えたい願望。冷静で実用的な情報を好み、話の要点を整理するのが得意。相手のミスを指摘することもあるため、批判的に聞こえがちだが、問題解決能力に優れる。実務的な話が得意で無駄が少ない。

水星星座が天秤座 ♎

相手を尊重する会話術

　相手を思いやり洗練された言葉を選ぶ。状況に合わせた柔軟なコミュニケーションが得意で、対話のバランスを考えながら話す。穏やかで丁寧な話し方をするが、優柔不断で決断を避けることも。人との関係を円滑にする会話術を身につけやすい。

水星星座が蠍座 ♏

核心を突く話し方と聞き方

　無自覚に慎重で深みのある話し方、核心をついた発言が多い。そのため説得力や影響力を言葉に持たせられる。秘密主義的な面があり、簡単には本音を明かさない。興味のある話題には意識的に相手を泳がせ、本心や情報を引き出していくことも。

水星星座が射手座 ♐

飾らずユーモア豊かに

　自由な発想と率直な物言いが特徴で、ユーモアのある会話を楽しむ。話題が広く、知識を共有することを好む。大局的な視点を持ち、哲学や理想を語ることが得意だが、細かい点にはあまりこだわらない。率直すぎて無神経に見えることがあるかも。

水星星座が山羊座 ♑

実務的で現実に即した発言

　落ち着いた口調で、的確な言葉をチョイスしていく。実務的で論理的な話し方で大人感が出やすい傾向。無駄を省くことを好む。慎重に言葉を発するため、信頼感を与えるが、柔軟さに欠けることも。結果を重視した、現実的な判断力に優れている。

水星星座が水瓶座 ♒

独創的で柔軟な思考

　独創的な視点を持ち、型にはまらない発想で話す。理論的でありながら柔軟性があり、新しいアイデアを発信することができる。偏見なく社交的だが、情や感情には流されにくく冷静なコミュニケーションを取る。客観的で合理的な発言が多くなる傾向。

水星星座が魚座 ♓

直感的で幻想的な表現

　直感的で柔らかい話し方をし、空気を読み溶け込むことが得意。感受性が高く、夢や抽象的な表現を好む。言葉を通じて人を癒やす力があるが、現実的な話や論理的な説明は苦手な傾向。感覚的で曖昧な表現が多くなりやすく、流されやすい一面もある。

金星星座で読むあなた
あなたの持つ魅力について！

　金星は、喜びの音色を奏でます。誰かを喜ばせるために演奏するのではなくて、自分が楽しいから歌うのです。金星星座は、あなたが笑顔で美しいときの特徴を表しています。あなたがもっとも魅力的な瞬間について、金星星座から理解を深めていきましょう。

金星星座が牡羊座
まっすぐなパワフルさが魅力
　考えるより先に動く純粋さや、無邪気で天真爛漫な態度が魅力となります。感情表現がストレートで、駆け引きをしないことで情熱が伝わり、自然体のままで周囲に活力を与えていけるはず。無邪気な大胆さや率直な言葉が、人を魅了していきます。

金星星座が牡牛座
無視できない存在感
　落ち着いた雰囲気と、美しい所作が自然と人を惹きつけます。ゆったりとした話し方や穏やかな態度が安心感を与え、周囲を和ませていくでしょう。華美ではなく上質なものを好み、さりげないこだわりがあなたの品の良さとして滲み出ていきます。

金星星座が双子座
人生を楽しむ姿勢が魅力になる
　軽やかで楽しい雰囲気。話題が豊富でユーモアにあふれ、トレンドや新しい情報をキャッチする。変化を面白がれる自由な感性が魅力となり、無邪気で好奇心旺盛な雰囲気が周囲を惹きつけます。気負わない親しみやすさで、多くの人々を魅了できる。

金星星座が蟹座
気まぐれさも魅力になる
　安心感を与えつつ相手の庇護欲をそそる可憐な魅力。感情の機微に敏感で、さりげない気遣いや思いやりが自然と行動に現れます。親しみやすく、身近な人を大切にできる姿勢は周囲に伝わり、心を開いた相手とは深い愛情のやり取りが実現するはず。

金星星座が獅子座
媚びない気さくさが魅力

ウソ偽りのないリアクションが、自然と目を引く華やかさの原因。純粋で強力な愛嬌を周囲に振り撒き、ピュアな個性が引き立ちます。周囲を楽しませるサービス精神を持ち合わせ、内側から湧き出るポジティブなエネルギーが多くの人々を惹きつける。

金星星座が乙女座
行き届いた意識が魅力となる

清潔感のある佇まいや細やかな気配りが魅力になる。向き合うほどに、洗練された品の良さが好感を呼び、言葉遣いや所作の美しさ、知的で落ち着いた雰囲気が際立ちます。誠実で丁寧な態度と所作が、人から信頼されやすい要素となっていく。

金星星座が天秤座
心地よさと配慮が魅力に

洗練された雰囲気と明るい朗らかさが魅力。自分のパーソナルスペースを確保し、穏やかで心地よい距離感を無理なく保てます。「ちょうどよさ」はセンスとなり、スマートで社交的な雰囲気が自然と滲み出ます。多くの人から一目置かれやすいかも。

金星星座が蠍座
さりげなさから滲むオーラ

神秘的で奥深い雰囲気。内に秘めた情熱や深い感情が何気ない仕草や視線に重みを与え、ミステリアスな魅力となっていく。どこか警戒心を抱かせつつも、にこやかな表情や丁寧な対応が絶妙なバランスを生み、圧倒的な存在感で多くの人を魅了する。

金星星座が射手座
自由でのびのびとした姿が魅力

飾らない言動や素直な表現は爽やかさとなり、周囲に自由な印象を与えます。気さくで気楽な心地よい空気感は周囲にも広がり、賑やかさを生み出していく。未知の経験を楽しめる姿勢は、開放的でポジティブな魅力となり人々を惹きつけるでしょう。

金星星座が山羊座
落ち着きとギャップの魅力

信頼感と品格ある雰囲気がある。堅実で責任感が強く、言葉や行動に重みがあり、人から頼られる存在に。大人びた落ち着きや品のある佇まいと、人懐こいギャップが、確かな魅力に。合理的かつ慎重で誠実な対応と言動が周囲に安心感を与えます。

金星星座が水瓶座
思想と発想が魅力となる

個性的で独特な感性が周囲を惹きつけ、型にはまらない価値観やユニークな発想が唯一無二の魅力。無理に目立とうとせずとも、飄々としたスタンスが個性を際立たせる。自分だけの美意識や違いを楽しむ姿勢が、自然と人を惹きつけ周囲を魅了する。

金星星座が魚座
夢見心地にさせる魅力

優しく儚げな魅力が漂いやすい。現実に縛られず、ふわりとした雰囲気が人を癒やし、惹きつける。無意識のうちに周囲の感情を受け取り、柔らかく包み込んでしまうことも。幻想的でロマンティックな空気感が、相手の心へと溶け込んでいくでしょう。

金星星座で読むあなた
自分の心を満たすために目指すべきセルフイメージ

「どのように愛されるのか？」というあなたを担当している金星は「どのように扱われたいのか？」というセルフイメージでもあります。周りの対応は、あなたが与えた印象によって変化します。セルフイメージを実現するために、金星星座をチェックしましょう。

金星星座が牡羊座
純真で無邪気な印象

　素直でストレートな表現を心がけると、直感的に行動する大胆さが、ハツラツとした魅力を引き出せます。やりたいことに向かって、真っ直ぐに情熱と興味を示していきましょう。明るい心持ちを保つことを意識すると、あなたへの印象が変化します。

金星星座が牡牛座
気高く落ち着いた印象

　目指すなら、気高く落ち着いた印象を。自然体の余裕こそがあなたの魅力を引き立てる。丁寧な所作や穏やかな口調を意識することが◎。静かに周囲を惹きつけ、独特の存在感を示せます。品の良さを少し心がけてみると、あなたへの印象は変化する。

金星星座が双子座
軽やかで楽しげな印象

　目指すなら軽やかで楽しげな印象を。飾らない親しみやすさと好奇心旺盛な姿勢が、人を惹きつける魅力となる。色味の明るい服装や、リアクションを意識してみると◎。人との距離感を自然と縮めていくことで、印象はより良く変化していきます。

金星星座が蟹座
温かく親しみやすい印象

　目指すなら温かく親しみやすい印象を。表情豊かな自分を少し心がけてみると、あなたの魅力は増幅される。淡い色彩をまとってみるだけでも、穏やかな印象を与えられそう。柔らかく包み込むような雰囲気を演出し居心地の良さを獲得しましょう。

金星星座が獅子座

堂々とした印象

　目指すなら、堂々とした印象を。あなたらしい振る舞いそのものが、人を惹きつける魅力となります。注目を集めてしまうことを恐れないこと。時には謙虚さも大切ですが、自己表現を楽しむことが輝きを大きくし、人々に強い印象を残していけます。

金星星座が乙女座

清潔感と品のある印象

　目指すなら、清潔感と品のある印象を。人工的な華やかさではなく、健康的で上品な美を意識してみること。丁寧な言葉遣いや落ち着いた態度が知的な魅力となり、人々からの関心を集めます。細部まで行き届いた美意識が輝き、良い印象を与える。

金星星座が天秤座

洗練された印象

　目指すなら洗練された印象を。公平な立ち振る舞いが、人を惹きつける魅力に。ちょっとした気遣いやスマートさを意識するだけで、上品で柔らかな雰囲気が醸し出され、好印象を与えます。社交的な振る舞いを自分自身が楽しむことも大切です。

金星星座が蠍座

神秘的で奥深い印象

　目指すなら神秘的で奥深い印象を。静かで落ち着いた雰囲気が、人々を引き込んでいく。強い意志や情熱が自然と周囲に伝わり、ミステリアスな余韻そのものが魅惑的な魅力になるのです。沈黙という「表現」を駆使すると、強い存在感が生まれます。

金星星座が射手座

自由で開放的な印象

　目指すなら、自由で開放的な印象を。ポジティブで伸びやかな雰囲気が、人を惹きつける魅力に。カジュアルな雰囲気や、自然体でいることが心地よい空気を生み出します。楽観的で奔放な生き方が爽やかな印象を与え、あなたの魅力を磨いています。

金星星座が山羊座

重厚で落ち着きのある印象

　目指すなら、重厚感と落ち着きのある印象を。慎重で誠実な姿勢が、自分と周囲に安心感を与えます。自らの肌や骨格を活かすようなファッションや、冷静な判断と言動があなたの魅力に。品格を感じさせる振る舞いで、さらに評価が上がるでしょう。

金星星座が水瓶座

個性的でユニークな印象

　目指すなら、個性的でユニークな印象を。自分のスタイルを貫くこと。自分らしさを大切にする姿勢が、唯一無二の存在感を生み出します。また異なる文化や価値観とフランクかつ積極的に向き合っていくことで、魅力的な印象を持ってもらえるはず。

金星星座が魚座

夢幻的で優しい印象

　目指すなら、夢幻的で優しい印象を。包容力と微笑みを意識していくことで、優しい雰囲気が醸し出され、魅力となります。感性や直感を大切にする姿勢は、繊細で独特な存在感を浮き彫りにし、癒やしを感じさせる空気感が、人々を虜にするでしょう。

太陽星座で読むあなた

あなたらしく輝けているサイン

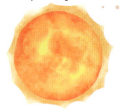

占いでもっとも多くチェックする太陽星座。それは、あなたの最終的な人物像です。現在の自分自身と照らし合わせていくことで、自己実現に必要な要素に気がつきます。ここでは、あなたが自分らしく輝けているのかどうか、そのポイントをご紹介していきます。

太陽星座が牡羊座
突き進めているのかどうか

新しい挑戦に向かって、迷わず突き進めているのかということ。直感を信じ瞬発力を活かして行動すると輝きが大きくなります。失敗を恐れない心が、道を切り開いていくでしょう。今の自分と向き合い、意志を貫く力強さがあるのかどうかがポイント。

太陽星座が牡牛座
満たされているのかどうか

自分のペースで心地よさを大切にし、満たされているとき。豊かさをじっくりと味わうことで、その魅力が最大限に発揮されます。安定した環境の中で心から価値を感じるものに囲まれ、安心感と穏やかな幸福を感じることで、輝きは強化されていく。

太陽星座が双子座
ワクワクできているのかどうか

知的好奇心を刺激される環境かどうか。新しい情報を吸収し、多彩な話題に飛び込み、軽やかなやり取りで交流を繰り広げる時、あなたは輝いています。柔軟な思考と行動範囲を広げていくことを意識して、日常を新鮮な喜びで満たしていくと◎。

太陽星座が蟹座
自分に愛情を抱けているのかどうか

大切な存在を守り、温かい愛情に自分も包まれているのかどうか。共感力を活かし相手の気持ちを察しつつ、優しさとぬくもりのある振る舞いで、人々の心を和ませていく。安心と幸福を心の中に抱けているのかどうかを自らに問いかけてみましょう。

太陽星座が獅子座
明るい自己であるのかどうか
　周囲を愛し自分が明るくあれるかどうか。本音勝負なため注目されやすい気質。目立つことを避ける必要はありません。自らが立候補して輪の中心となり、大胆な自己表現をしていきましょう。心からの笑顔を増やすことがあなたらしくいられるカギ。

太陽星座が乙女座
違和感なく快適かどうか
　あらゆることにモヤモヤしていないか。周囲の状況を素早く把握し、さまざまなことに気を配る。臨機応変という無秩序さは似合わないかも。おのれの役割をまっとうし秩序を保ち、確実に物事を改善していける環境なのかを、自分に問いかけて。

太陽星座が天秤座
健全さを感じられるのかどうか
　健やかで健全な関係性を築いているのかどうか。ストレスの多い環境だと、心は固くなる。あなたが身構えなくてもよい人たちとの絆を結び、ご縁の断捨離も考えて。立場をわきまえるよりも、あなたが自分を好きになれる環境を選択していくと◎。

太陽星座が蠍座
あなたの愛するものがあるのかどうか
　自分の世界観を深めていけるのかどうか。人生の意味を問い、求めるものに向かって強くコミットしていけるあなた。目標がなく努力を無駄に感じるような環境では、あなたらしさは輝かない。時に変身願望を満たし、あなたの人生観を濃くすること。

太陽星座が射手座
開かれた発想ができているかどうか
　自由な発想を広げていけるかどうか。自己決定があなたを輝かせます。行動を管理され思考を支配されていてはあなたの心は枯れていく。後ろ向きな考え方は、あなたにとって自己否定と同じです。物事を楽観的に捉え、可能性を広げていきましょう。

太陽星座が山羊座
充足感を感じられているのかどうか
　自分の人生を豊かにするために行動を。平和な日々をしっかりとかみ締めることでも大丈夫です。自己責任感を持って役目を果たし、困難にも冷静に向き合いながら、自らの手で成功を築いていく。その充足感こそがあなたを輝かせてくれるものです。

太陽星座が水瓶座
自らの可能性を信じられるかどうか
　自分の個性を自覚することが、あなたを輝かせます。誰かの成功パターンを追いかけたり、「こうでなくてはならない」という思い込みにとらわれないことが大切です。弱点や短所も笑って肯定してしまえば、精神的な力強さという長所になります。

太陽星座が魚座
心を緩められるのかどうか
　感情や空気を敏感に察し、癒やしと安心感に満たされるとき、あなたはもっとも輝きます。夢と現実の間で感受性を育み、その場の空気を丸ごと緩めていける存在。制限をかけるのは避けましょう。心と頭の力を抜き、心身を穏やかに整えていくこと。

火星星座で読むあなた
あなたの愛情の示し方

　火星はあなたの挑戦心を表しています。何か理由や試練がなくとも、愛する存在や大いなる目標のためになら、思ってもみなかった力が発揮されるものなのではないでしょうか。ここでは、あなたの愛し方を火星星座から12星座別にご紹介しています。

火星星座が牡羊座
ストレートかつ情熱的

　ストレートかつ情熱的に好意を示し行動で愛を伝える。駆け引きせず率直なアプローチで気持ちを表現し、熱量のある愛情表現が特徴的。好きな人には全力で向き合い、スピーディーかつ情熱的に関係を深めていく。気持ちがわかりやすいことも魅力。

火星星座が牡牛座
言葉よりも行動派

　じっくりと時間をかけ、穏やかな態度とスキンシップで愛を伝える。確かな信頼関係を築くことを大切にし、愛情を保ちたいタイプ。言葉よりも行動派。しかし愛を囁くときは重厚な言葉選びと愛情表現。心地よい空間を共有することで愛が深まる。

火星星座が双子座
楽しい時間の共有

　喜びや楽しい時間を創り上げていく。駆け引きや遊び心のあるコミュニケーションが必須。話題を探し、冗談を交え、飽きさせないやり取りで笑顔を増やしていける。ふたりで過ごす楽しい時間そのものが愛情表現であり、関係を育んでいくことになる。

火星星座が蟹座
守ってつながる愛情表現

　絆を重視し、大切な人を守ろうとする愛情表現。さりげない気遣いや優しさで相手を包み込み、安心できる居場所を提供する。愛する人には献身的になり、深い絆を築いていける。信頼関係が強まるほど、より愛情が深まり寄り添うことが自然になる。

火星星座が獅子座
幸福を創造する愛情表現
　特別感を演出し全力で相手を喜ばせたい願望。ドラマチックで情熱的なアプローチを好み、愛する人には惜しみなく愛情を注ぐ。大胆な言動やサプライズで感動を与え、相手を特別な存在として扱って至福。愛することが自己肯定感にもつながる傾向。

火星星座が乙女座
細やかな気配りが愛の証
　細やかな気配りや献身的なサポートで相手の役に立ち、愛情を示していく。相手の小さな変化に気づき、愛着を抱くことも愛情表現の一環。完璧を求めるあまり細かくなりすぎるかもしれない。本気で愛するからこそ尽くし、誠実な姿勢が魅力となる。

火星星座が天秤座
相手を優先する愛情表現
　相手の状況を尊重し、負担にならないように愛情を表現。距離感や空気感を大切にしながら、スマートなアプローチ。対等な関係を重視し、さらっと相手を褒めて魅力を伝えるのが得意。心地よい調和を築き、穏やかで上品な愛情を自然に届けていく。

火星星座が蠍座
心も頭も愛に染まる
　深く濃密な絆を求め、心の奥底でつながりを持つ。一途な愛で相手を包み込み、強い信頼と感謝の念を抱く。同時に独占欲や執着心も抱きやすいが、それは愛情の深さの証明に。揺るぎない信頼と想いを注ぎつつ、自らの心の中に相手を住まわせる感覚。

火星星座が射手座
お互いの自由を大切にすること
　意志と哲学を尊重することで愛を示す。束縛を嫌うのは、相手自身にも自由であってほしいから。軽やかで前向きな気持ちを前提として、刺激的な時間を過ごすことで絆を深める。楽観的で明るいアプローチが特徴的で、型にはまらない愛情表現。

火星星座が山羊座
お互いのためになる愛情表現
　責任感のある行動や姿勢で、誠実さと共に愛を伝えていく。言葉よりも現実面で行動し、相手を支え助けていける。長期的な関係や将来性が必須で、遊びの恋はしだいに疎かに。愛と尊敬を育むことを重視し、お互いの人生と精神面を成長させていく。

火星星座が水瓶座
共有し愛を感じ表現する
　独特な距離感を保ち、知的な交流や特別な絆で愛を示す。自由でフラットな関係を大切にし、精神的なつながりや共通の価値観を重視するのが特徴的。友情の延長のような軽やかな愛情表現をしつつ、喜びや経験を共有することで確かな絆を感じられる。

火星星座が魚座
全身全霊をもって表現する
　優しく包み込むような態度と、愛情に満ちた眼差しで心を表現。感情に敏感で、言葉だけでなく雰囲気や仕草で気持ちを伝える。感覚的なつながりを大切にし、愛する人には献身的な傾向に。無償の愛を注ぐことで、癒やしと安心を与える存在となる。

火星星座 で読むあなた

あなたが発する エネルギーの特色

　火星はあなたの積極性です。あなたが何かに対して、能動的に挑戦しようと思ったとき、そのやる気は火星星座の特徴を伴い、周囲に伝わっていきます。ここでは、あなたのエネルギーの特色をご紹介していきます。

火星星座が牡羊座
燃えるような活力

　燃え上がるような勢いの良いエネルギー。スピード感と純粋な熱量が特徴的。一度決めたら全力で突き進み、止められない印象を周囲に与えやすい。考えるよりも直感に従うことで展開を呼ぶ。新しい可能性を生み出す原動力として期待されることも。

火星星座が牡牛座
どっしりとした安定感

　持続力と安定感に満ちた揺るぎないエネルギー。大きな成果を生み出す力を周囲に感じさせていく。焦らず自分のペースを守りながら、着実に計画を進めていくことが特徴的。忍耐強く、簡単には揺るがない信念を持ち、堅実な行動を選択していける。

火星星座が双子座
軽やかで喜びに満ちた感覚

　素早く展開していくフレッシュなエネルギー。状況の変化を素早く察知し、柔軟に対応していける。言葉や情報を駆使して人とつながり、アイデアを広げていける。多くのことを同時に進行させたほうが安定する。臨機応変さと機転のよさを発揮できる。

火星星座が蟹座
愛情と共感に満ちた感覚

　温かく包み込むようなエネルギー。感情を大切にしていくため、心強い印象を周囲に与えていける。愛するものへの献身的な姿勢が特徴的で、安心感と心の拠り所を生み出していく。流れに従い心に寄り添いつつ、頼られたらその期待に応えていける。

火星星座が獅子座
周囲を照らすような感覚

　強い肯定感のあるエネルギー。迷いを感じさせないため、周囲に大きな影響を与えやすい。豊かな表現力がやる気と共に発揮され、自然と人を惹きつけるカリスマ性を持つ。自らが主役となり、楽しさや感動を生み出すことでエネルギーが増していく。

火星星座が乙女座
細やかで清廉なエネルギー

　精密に研ぎ澄まされた印象を与えていく。周囲に完璧主義的なイメージを与えることも。物事を冷静に分析し、最適な選択をすることで確実に成果を積み重ねていく。無駄を省き、効率的かつ実用的に物事を進めることで、力が最大限に発揮される。

火星星座が天秤座
洗練と健やかさのある感覚

　スマートさのある調和的なエネルギー。対立を避けながら、全体の士気を底上げしていける。柔軟な対応力で人と人をつなぎ、心地よい空気感を生み出していく。相手を気遣った感性豊かな表現が特徴的。周囲に安心感を与えつつ、目標を達成していく。

火星星座が蠍座
強い意志や独自性を感じさせる

　奥深く濃密に燃え続ける苛烈なエネルギー。徹底的に突き詰めていく強い意志を周囲に感じさせる。目的の本質を見極め、深く関わることが実力を発揮するカギ。狙いを絞り込んでいくような高い集中力で、粘り強く取り組む姿勢が評価されやすい。

火星星座が射手座
開放的で奔放なエネルギー

　遠くまで突き抜ける、自由と探究心に満ちたエネルギー。「何とかなるさ」と楽観的な姿勢で、物事に飛び込んでいく。大きな視野で未来を見据えるため、周囲に希望を与えていける。大らかさと柔軟性を意識すると、自らの選択肢を増やしていける。

火星星座が山羊座
決意と覚悟を感じさせるエネルギー

　責任感は決意と覚悟に変化する。目標に向かって切磋琢磨していく感じを周囲に与えます。無鉄砲さはなく、長期的な視点で、確実性を積み上げていけそうです。自己責任の感覚が良い刺激となり、安定した行動力と実行力を発揮できるでしょう。

火星星座が水瓶座
近未来を予感させる感覚

　既存の枠を超えて広がる、独創的で革新的なエネルギー。常識にとらわれず新しい発想やアイデアで物事を切り開ける。合理的かつ論理的な思考力を活かし、変化を恐れない強さがあります。独自のスタイルを貫くことで周囲に刺激を与えるでしょう。

火星星座が魚座
直感的で流動的な情熱

　波のように広がる流動的なエネルギー。柔らかくしなやかに行動できますが、周囲には気づかれにくいかも。しかし、静かなやる気は無意識のうちに周囲に影響を与えます。流れに身を任せ、柔軟さと感性を活かしていくことで、目標達成が叶います。

木星ハウスで読むあなた

不思議とチャンスが巡ってきやすい分野とは

木星は拡大と発展の天体です。そのため、木星が滞在しているハウスはスムーズに発展しやすい分野であり、成長や成功の可能性が広がる領域。木星のあるハウスを意識していくと、人生の可能性がより広げやすくなります。

木星が1ハウス
自己表現でチャンスを掴む

1ハウスに木星があることで、自信や楽観性が強まり、自然と周囲に好印象を与えやすい。存在感が増し、自己成長の機会に恵まれる。ポジティブな態度が運を引き寄せ、新たな挑戦や可能性が拡大する。自分らしさについて考えてみるといいかも。

木星が2ハウス
実感によって豊かさに恵まれる

2ハウスに木星があることで、金銭面や所有物に関する幸運が巡りやすい。財産や収入面で恵まれ、物質的な豊かさを得る機会が多くなる傾向。経済的な安定や価値観の充実を感じながら、アイデアを活かすことで、さらに価値あるものを引き寄せる。

木星が3ハウス
対人関係に発展のカギが

3ハウスに木星があることから、学習やコミュニケーションの才能が開花しやすく、情報交換や人脈の広がりに恵まれやすい。その人脈から挑戦や発展の機会が巡ってくることも。発信力も高まりやすく言葉や文章を活かした分野で成功しやすいかも。

木星が4ハウス
心休まる場所や存在にチャンスが

4ハウスに木星があることで、家庭や居住環境が整い、安心できる基盤を築きやすいと考えられる。不動産運や家族関係の向上、またルーツにまつわる幸運が巡る。精神的な安定が人生全体の発展を後押しし、そこから発想とチャンスがやってきそう。

木星が5ハウス
創造性を発揮して発展していく
　5ハウスに木星があることで、創造的な表現が輝き、芸術や趣味の分野でチャンスが増えやすい。恋愛運も良く、楽しみながら成功を掴みやすい。創造的な自己表現の場面でチャンスが増え、幸運な出来事に恵まれる。喜びを感じる経験が豊富に。

木星が6ハウス
仕事と健康のバランスに
　6ハウスに木星があることで、仕事や健康において安定と発展のチャンスが期待できます。それは、日頃を見直す機会かもしれません。努力が実を結ぶことを前向きに信じ、健康的な習慣や日々をルーティン化していくことで、運気が上昇していく。

木星が7ハウス
向き合う関係性の中にチャンスが
　7ハウスに木星があることで、人間関係やパートナーシップに恵まれ、良い縁を引き寄せやすい。結婚やビジネスパートナーとの関係が発展しやすく、協力することや、心地よいパワーバランスを意識していくことで、安定と成功の機会が多くなる。

木星が8ハウス
庇護やルーツにチャンスの影が
　8ハウスに木星があることで遺産や投資、人の支援を通じた幸運に恵まれる。深い関係性の中で変容の機会を得やすく、精神的にも物質的にも豊かになりやすい傾向。見えない力や、ルーツに基づく天賦の才が発揮され、困難を乗り越えていくことも。

木星が9ハウス
高度な学びの中に発展のカギ
　9ハウスに木星があることで、海外、学問、精神的な成長の分野でチャンスが舞い込んでくる。視野を広げていくような旅行や留学、専門知識の習得を通じて新しい可能性が開拓される。哲学などの真理に触れることで、生き方にも影響が及ぼされる。

木星が10ハウス
目標達成にさらなるチャンスが
　10ハウスに木星があると、仕事や社会的評価の面で発展しやすい。目標に向かって行動することで実力と姿勢が認められ、知らぬまに評価が上がっていく。そのため、キャリアアップの機会が訪れ、社会的地位における飛躍のきっかけを掴みやすい。

木星が11ハウス
ご縁の中に飛躍の兆し
　11ハウスに木星があると、友人や仲間とのつながりに恵まれ、ネットワークが広がりやすい。志を共にする人とのご縁や、チームでの活動や未来の目標に向けたチャンスが増える。また理想の実現に向けたサポートを得られる機会も多くなりそう。

木星が12ハウス
内なる静寂と信心の中に
　12ハウスに木星があると、目に見えない力のサポートを受けやすい。スピリチュアルな分野や奉仕活動を通じて充実感と癒やしを得ることができ、内面的な成長が人生に良い影響を与えていく。静かな環境でのひらめきがカギとなるため、瞑想が◎。

土星ハウスで読むあなた

時間をかけて上達させていけること

　土星は乗り越えられる試練です。そのため、土星が滞在しているハウスは、時間をかけて上達させていけることであり、あなた自身の伸び代。土星のあるハウスを意識していくと、成長しがいのある分野を伸ばせます。

土星が1ハウス
自分を打ち出していく強さ
　1ハウスに土星があることから、ストイックな雰囲気とシビアな目線を自分に向けやすい。マイナスを数えやすく自己確立に時間がかかるが、経験を重ねるごとに自信が増す。自己表現を鍛えていくことで慎重かつ確実に自分の道を築けるようになる。

土星が2ハウス
費やすべきものの見極め
　2ハウスに土星があることで、資産管理や自己価値の確立に時間がかかるが、お金や時間の投資先を見極め、努力を積み重ねることで経済的に安定する。自分のペースに生活リズムを合わせ、能力を正しく評価し、着実に成果を得ることができる。

土星が3ハウス
人との関わりや考え方
　3ハウスに土星があることで、知識の習得やコミュニケーションに慎重になっていくが、継続的な学びで深い知恵を得る。自らの中で知識をかみ砕いていくことで、論理的思考や言葉の使い方が洗練され、的確な伝え方ができるようになっていく。

土星が4ハウス
心の安心と安定
　4ハウスに土星があることで家庭や心の安定を築くのに時間がかかる傾向があるが、人生経験を通じて強い精神的な基盤を確立できる。家族関係に対して自らの役目を大きく受け止めすぎないことで、意思と希望をゆっくりと伝え、理解してもらえる。

土星が5ハウス
愛と創造に対すること
　5ハウスに土星があることで創造に対するハードルを感じやすく、自己表現にも自信を持ちにくいが、時間をかけていくことで、独自の表現スタイルを確立できる。恋愛などの楽しみ方も、経験を重ねていくことで、深みを増し、豊かになっていく。

土星が6ハウス
自らを最適化していく
　6ハウスに土星があることで、仕事や健康管理の習慣を身につけるのに努力が必要だが、工夫しだいで確実なスキルや方法論を養っていける。細やかな計画力を発揮し、信頼を得られるようになり、物事に対する最適解への公式を手に入れられるはず。

土星が7ハウス
人との適切な距離感
　7ハウスに土星があることで、人間関係やパートナーシップ、契約に対して慎重になりやすいが、経験則から信頼できる人物を見抜けるようになっていく。気をつけるべきポイントを的確に押さえ、安定した協力関係を構築することが実現していく。

土星が8ハウス
受け取るべき愛や感謝
　8ハウスに土星があることで、深い信頼関係や精神的な成長に時間がかかるが、試練を乗り越えていくことで強い精神力を培っていく。人生の変容を受け入れ、精神的に成長していくことで愛や親切を受け取り、それぞれに対する洞察力が磨かれる。

土星が9ハウス
精神的な探求と居場所
　9ハウスに土星があることで、専門知識や哲学的思考の習得に時間がかかるが、じっくり学んでいくことで広く深い理解を得られる。海外交流や精神的な探求を通じて、人生観が大きく成熟していくことで自らを肯定し、納得感と居場所を手にできる。

土星が10ハウス
自らの社会的評価
　10ハウスに土星があると、社会的地位やキャリアの確立に遠慮や抵抗を感じ、手柄を主張しない傾向。しかし、やるべきことを継続し、着実に評価されることによって、長期的な視点で成功を築けるようになる。周囲からはストイックに見られがち。

土星が11ハウス
人間関係作りに慎重に
　11ハウスに土星があると、人間関係や理想の実現に時間がかかりやすく、仲間を得たくても交流に慎重になる傾向がある。組織や社会的な活動の場では、しだいに影響力を持つ立場へと成長し、長期的な視点で理想を現実にしていく力を養える。

土星が12ハウス
自己内省を行う
　12ハウスに土星があると、無意識の領域や精神世界との向き合い方に困難があり、自己探求に時間がかかる。人知れず責任や重圧を抱えやすいが、孤独や内面的な試練を乗り越えることで深い精神的強さと自己理解を培い、精神的な安定を得られる。

星の並びは、あなたの心模様

知りたいことや悩みに対して、どの天体を見ればよいのか、もしも迷ったときには、その奥にある本当の願望を明確にすることが大切です。

例えば、「恋愛」をテーマにするなら、愛されたいのか、それとも愛したいのか。その答えによって、見るべき天体が自然と絞られていきます。愛されたいのなら「金星」、愛情を伝えたいならコミュニケーションの「水星」と積極性の「火星」。愛する存在そのものが欲しいのなら「5ハウスのカスプサイン」（その星座は、あなたが愛を注ぎたくなる要素を表しています）

また、ホロスコープを読むときには、自分の感情や感覚からアプローチするのも効果的です。楽しいときは金星、悲しいことに対しては月、イライラしたときは火星など、感情の動きに応じて、司る天体を探してみましょう。さまざまな事情や経緯があるとは思いますが、感情と向き合うことで、読める星もあるはずです。正しく読もうとするあまり、型にはまりすぎてしまうと、逆に大切なことを見落としてしまうかも。「自分の本当の望みと疑問」を明確にするため、時には教科書から目を外し、自分自身の心と徹底的に対話していきましょう。星から自己発見することもありますが、自己対話から星への理解を深めることもできるのです。

第 *4* 章

ハウスを読んで
自分の運気を知る

今日の運勢や今週、今月、今年の運勢。
それらを知ることで、自分がどう動くべきか
これからどうなるかが見えてきます。

今日の自分はどんな運気？
月で見る毎日の運勢

月の動きが、
その日の流れを示してくれる

　月は私たちの気分や感情に作用します。その動きはとても速く、2〜3日ごとに星座を移動していくため、月の位置を確認すると、その日の雰囲気やテーマを読み取ることができるのです。月がどのサインやハウスにあるかによって、その日のムードが分かり、意識を向けると良いテーマがわかります。
　また、月が他の天体とどのようなアスペクトを取っているのかもポイントです。調和的な配置があれば、スムーズに物事が進みやすく、ハードな配置があれば、少し慎重になったほうがいい場合もあります。さらに、新月や満月などのタイミングも重要です。新月は新しいスタートに最適で、満月は時が満ちたことの合図です。月のサイクルは心のサイクルでもあります。月の動きを知り、自分自身と照らし合わせていくことで、その日に適した行動を選びやすくなり、毎日の流れをより心地よく整えることができるでしょう。

P.186〜の月の運行表をチェックして毎日の運勢を出してみよう

1 調べたい時期をチェックする

まず、調べたい日に月がどの位置にいるのかを見ます。P.186〜の月の運行表を参考に、見たい日時に月が位置している場所を調べてみましょう。

【2025年4月5日10:00時点の月の運行を調べる場合】

4/2	05:26	双子座
4/4	07:50	蟹座
4/6	13:34	獅子座

2 月が何ハウスにあるかを調べて表に書き込む

例えば双子座の人の場合、双子座を1ハウスとして数えると、下のハウスの数え方を参照すると、蟹座は2ハウスとなり、4月4日7:50から4月6日13:34までは月が2ハウスに入っている期間になります。

ハウスの数え方

p186〜の運行表から自分の星座のマスに1ハウスと書きましょう。その後、下へ1マスずつ2ハウス、3ハウスと書き、12ハウスまで来たら再び1ハウスへと戻り記入しましょう。

2025			
3/25	00:25	水瓶座	
3/27	04:32	魚座	
3/29	05:36	牡羊座	
3/31	05:16	牡牛座	
4/2	05:26	双子座	1ハウス
4/4	07:50	蟹座	2ハウス
4/6	13:34	獅子座	3ハウス
4/8	22:40	乙女座	4ハウス
4/11	10:12	天秤座	5ハウス
4/13	22:54	蠍座	6ハウス
4/16	11:37	射手座	7ハウス
4/18	23:12	山羊座	8ハウス
4/21	08:22	水瓶座	9ハウス
4/23	14:07	魚座	10ハウス
4/25	16:24	牡羊座	11ハウス
4/27	16:17	牡牛座	12ハウス
4/29	15:35	双子座	1ハウス
5/1	16:23	蟹座	2ハウス
5/3	20:29	獅子座	3ハウス
5/6	04:40	乙女座	4ハウス
5/8	16:06	天秤座	5ハウス
5/11	04:58	蠍座	

月が **1** ハウスにある日の運勢

自然体で過ごしたい日

🌙

心のままに過ごす、自分と向き合う時間

　運行の月がネイタルチャートの1ハウスに入る日は、自分自身の感情や欲求が自然に表に出やすいタイミングです。気分の変化が激しくなることもありますが、それは自分の心と深くつながっている証拠。直感を信じて行動することで、新しい発見やリフレッシュにつながるでしょう。　また、この日は「スタート」のエネルギーが強まり、やりたかったことにチャレンジしたり、自分の内面と向き合うことに適しています。無理に予定を詰め込まず、リラックスしながら、そのときの気持ちに素直になることで、より健やかに過ごせそうです。日々のお役目もあるとは思いますが、自分を解放する時間を作り、心の声に耳を傾けられるように心がけていきましょう。

恋	仕事	お金	対人
本来の魅力が発揮されていく兆し	**自分の価値を信じていこう**	**直感を信じて出し惜しみをしないこと**	**あなたらしさが表現されていく**
自分らしさが際立って、自然体で魅力を発揮できる日。新しい出会いが期待できるが、感情が揺れやすい面も。	直感的な判断力が冴え、自分をアピールできそう。スタートするのに適しているが、感情的な決断には要注意。	自分磨きに投資するといい日。髪型やメイクを変えたり、イメージチェンジをするのに良いタイミング。	感情が表に出やすく、素の自分を見せやすい日。感情の起伏が激しくなり、親しい人に甘えてしまうかも。

月が2ハウスにある日の運勢

しっくりさせたい日

実感を大切にして
自分の色を浸透させていきたいとき

　物質的なことや価値観に意識が向かいやすいタイミングです。お金や所有するものに対する気持ちが強まり、収入や支出、欲しいものへの関心が高くなることもあるでしょう。それはつまり、手に持って確かめられるものを求めたくなるということ。本当に必要なものかを見極めることを意識することで、衝動を抑えられるでしょう。また、2ハウスは自己価値とも関連するため、自分の才能やスキルについて考えたり、自信を持つための行動を取るのにも適した日です。感情の安定は経済面の安心感とリンクしやすいため、この日は無理な節約よりも、心が満たされる使い方を意識することがポイント。自分にとって価値のあるものを見極めながら、大切に過ごしていきましょう。

恋	仕事	お金	対人
噂や肩書きより自分のトキメキを信じよう	スキルを磨き能力を知らしめること	欲望は生きる力。お金の使い方を大切にできそう	マイペースを心がけ手堅く計画を
打算的になってしまうと、せっかくのチャンスを逃してしまうかもしれません。恋心に身を委ねていきましょう。	培ってきたスキルを磨き、活かすことが大事なとき。この日の評価や成果が今後につながっていくはず。	心が満足するものを選び取れるとき。迷ったとしても、自分の意見を貫くことで、さらに金運がアップしそう。	自分のやり方や意見をどう通すのかが大事。より良い条件をつかむためにシビアな調整力が求められそう。

月が 3 ハウスにある日の運勢

学びの発想が豊かになる日

平和な日常の中にある
小さな幸せときっかけに気がつきそう

　新しい知識や情報を吸収しやすく、身近な環境の中で新たな発見が生まれるタイミングです。何気ない会話や移動中の風景から、思わぬヒントを得ることができるでしょう。この日は、知的好奇心が刺激され、学びに対する意欲が高まります。本を読んだり、人と積極的に話したりすることで、視野がどんどん広がっていきそうです。特に、短期間で習得できるスキルや情報を得るには最適な日。また、コミュニケーションが活発になりやすい日でもあるため、メールやメッセージのやり取りが増えたり、久しぶりの人との交流が生まれることも。身のまわりの出来事を注意深く観察することで、小さな気づきが大きな成長につながっていく予感。

恋	仕事	お金	対人
楽しむことで恋愛運は急上昇	**あなたの発想力が輝くかも**	**知識や自己投資をしていこう**	**笑顔を交わして軽やかな交流を**
軽やかな会話がカギとなる日。知的なやり取りが恋愛を進展させるが、深い感情表現には向かないかも。	情報収集やアイデアを出すのに最適な日。柔軟な発想が活かされるが、集中力が散漫になりやすい点に注意。	知識やスキルに投資すると良い日。本や学習教材の購入がおすすめ。気まぐれな散財には注意が必要。	コミュニケーションが活発になり、交流が広がる日。気軽な会話が弾むが、浅い関係になりやすい傾向も。

月が 4 ハウスにある日の運勢

心を満たし活力を蓄える日

心のままに過ごす
自分と向き合う時間

　心の安定を優先し、自分を癒やしながらエネルギーを蓄えるのに最適な日です。家や安心できる場所でリラックスすると、気持ちが整い、明日への活力が生まれるでしょう。また、家族との交流や、自分のルーツを振り返ることで、心の奥深くにある本当の願いや価値観に気がつけるかも。日々の疲れを感じているのなら、無理をせずに、静かな時間を過ごすことを意識していくことで、心が満たされやすい星の回り。この日は、外の刺激よりも内側を充実させることが大切です。ネガティブ思考は採用せずに、好きなことをして心を癒やし、自分にとっての安心や幸福を見つめ直していきましょう。次へと向かう、勇気とやる気を養うことができそうです。

恋	仕事	お金	対人
今ある ご縁を 大切にできる日	見直すことで 完成度を 上げていける日	優先順位をつけ 計画的に 使っていこう	気心知れた 人たちと 過ごしていこう
心からの安心感を求める日。意識次第で、相手との絆が深まるが、新しい恋の進展には消極的になりやすい。	集中力が落ちやすく、無理は禁物な日。内省や計画の見直しに適しています。大きな決断は慎重に下して。	家や生活に関する支出が増えやすい予感。大きな買い物は慎重に、安定した財務管理を意識していこう。	新しい交流よりも親しい人との時間を大切に。心の拠りどころとなる存在と過ごすことで、あなたの心も癒やされる。

月が 5 ハウスにある日の運勢

楽しみを通じて心を満たす日

心が躍る瞬間を
どんどん経験していけそう

　純粋に楽しめることに没頭し、心を満たすような充実した時間を過ごすのに最適な日です。好きな趣味に打ち込んだり、創造的な活動を楽しんだりすることで、活力が湧いてくるでしょう。また、自己表現がしやすくなり、自分らしさを発揮できるタイミングでもあります。気分が高まりやすいので、気負わずに思いきり楽しむことで、心が解放される感覚を得られるはずです。この日は、遊び心と創造力を大切にし、ワクワクする体験を積極的に取り入れると、思わぬ展開が加わり、日常が一気に鮮やかになっていくような暗示があります。無邪気な気持ちで好きなことに没頭し、楽しみの中から新たな活力を得る一日にしてみましょう。

恋	仕事	お金	対人
恋の勝負日 愛する喜びを 楽しもう	**創造性を 活かして いこう**	**自分がさらに 輝くために 使っていこう**	**楽しむ力が 相手の笑顔を 引き出していく**
恋愛運は急上昇。楽しむことを意識すると恋のチャンスが広がります。ロマンチックが訪れやすいかも。	創造力が高まり、アイデアが湧きやすい日。ルーティンよりもクリエイティブな仕事に向いている星の回り。	娯楽や趣味への出費が増える予感が。自分へのご褒美や自己投資には良いが、衝動買いには注意しよう。	気楽な交流が楽しめそうな日。遊び心を持った会話が弾み、人との心の距離が自然と縮まっていく予感。

月が6ハウスにある日の運勢

心と体のリズムを整える日

いつも通りに過ごしながらも
労働への意欲が自然と湧いてくる

　日常のルーティンを大切にしながら、仕事や家事、健康管理など、普段の生活の中で「やるべきこと」に意識が向きやすく、無理なく取り組むことができそうです。また、細かい作業や計画の見直しに適した日でもあります。集中力が高まり、普段後回しにしていたタスクを片づけるのに最適です。効率的に働くことで達成感を得られ、スッキリとした心持ちになることができます。さらに、体調管理にも向いている日なので、食生活の見直しや軽い運動を取り入れると、心身のバランスが整いやすくなりそうです。規則正しい生活を意識し、日々の積み重ねを大切にすることで、心身ともに充実した時間を過ごしていけそうです。

恋	仕事	お金	対人
関係性を深めるための前準備	タスクをこなしていけそうな日	消耗品を補充したりストックしよう	冷静に状況を見極められそう
実務的な関わりが増える予感。相手を支える姿勢が信頼につながるが、ロマンチックさには欠けるかも。	集中力が高まり、細かい作業や調整に適した日。ルーティンワークがはかどり、無駄なく動けそうな予感。	日用品や健康管理に関する出費が増えやすい日。実用的な買い物には向いているが、無駄遣いには注意。	義務感のある関係が強調される日。仕事仲間や同僚との協力がスムーズに進むが、感情的な交流は少なめ。

月が **7** ハウスに
ある日の運勢

人とつながりを持つ日

人との関わりが力になり、
心地よい距離感を意識できる日

　人との交流がパワーとなり、心を癒す時間をもたらすタイミングです。友人やパートナーとの会話が気持ちを和らげたり、新しい気づきを得るきっかけになったりもするでしょう。ただし、親しい相手であっても距離感を大切にすることが重要です。相手の気持ちに寄り添いつつも、必要以上に踏み込みすぎないことで、より良い関係が築けます。無理に自分を合わせるのではなく、自然体でいられる関係を意識すると◎。また、新しい出会いのチャンスが訪れることも。人と関わる中で、自分自身のあり方や魅力を再確認できる日となりそうです。「ひとりでは得られないもの」が手に入るこの日、人とのつながりを楽しんでみてくださいね。

恋	仕事	お金	対人
見つめ合いお互いを尊重できる	ひとりより誰かと協力して成し遂げる	お互いさまの精神が金運に直結する	適切な距離感で交流を楽しもう
ご縁が深まる日。パートナーとの関係が強調され、絆が深まる一方で、相手の気持ちを尊重することが大切。	協力関係がカギとなる。チームワークが重要になり、交渉や契約ごとが進みやすいが、合わせすぎないよう注意。	交際費やパートナーに関する出費が増えるかも。無理のない範囲で管理すると、お互いにとって気楽な交流に。	対話が円滑で交流が活発になる暗示。新しい出会いや関係の見直しが生じる可能性もあり、バランスが大切。

月が **8** ハウスにある日の運勢

感謝と気づきの日

本質に目を向けていけるとき
悪い想像には気をつけて

　洞察力が深まっていく日。人の良い所や悪い所、また異変などに気がつきそうです。人の気持ちに対して、より敏感に直感が働き、心の繊細さが増していきます。気がついてしまうからこそ、隠し事をせずに、お互いの心の奥底まで見せ合えるような、深い関係性を築きたいという気持ちが生じます。そのため、人との距離感が極端になりやすいかもしれません。察する能力が高くなる分、思い込みも強くなりやすい一面も。信用に値する人を見極め、そこに集中していきます。何かがうまくいかない場合には、スピリチュアルなことに興味を持ち、精神世界に逃避することも。のめり込みすぎないように注意して、中庸を意識しながら、平凡な日常の平和さをかみ締めましょう。

恋	仕事	お金	対人
強い愛情と愛着控えめな態度がおすすめ	環境を整え優先順位をつけて	評判だけでなく自分の目で確かめて	世間話にもきちんと耳を傾けて
魅力の再発見。お相手への気持ちを深められそう。また、お相手もあなたのことを見ているかも。自然体が◎。	集中力が抜群な日です。目標を掲げ、やる気スイッチさえ入れば素晴らしいパフォーマンスを発揮できます。	高額な買い物ほど情報を集め、時間をかけて選ぶことが損をしないためのコツ。量より質の買い物を心がけて。	周りから有益な情報が期待できるときです。たわいもないおしゃべりの中に幸運のヒントが潜んでいそう。

見聞を広げる日

ワクワク・ドキドキへの興味がUP
生活がルーズにならないよう気をつけて

楽観さや大らかさが際立つ日。あれもこれもと考えるより「とにかくやってみよう！」という心持ちに。新しい挑戦を始めやすかったり、ワクワクする体験に飛び込みやすい機運です。また、人の心の奥深さにも惹かれやすく、精神面での学びに触れると、吸収しやすい傾向が。色んな人の話を聞いたり、知らない土地を歩いてみたり、ドキュメンタリー作品を鑑賞することもおすすめです。細かいことを気にしないスタンスがあなたの中に芽生え、人や文化の違いを楽しみ、自らの世界を内にも外にも広げていけるでしょう。今まで身につけてきた知識を応用していけるときでもあるので、やったことのないことに、積極的にチャレンジしていくとノリと勢いが味方してくれそうです。

恋	仕事	お金	対人
お互いの自由を尊重し合おう	大らかに可能性を信じていこう	予算を決めていくと金運UP	世界を広げるきっかけがあるかも
見つめ合うのではなく、お互いの時間を大切にできるとき。自由時間を充実させる事が魅力アップのカギとなる。	学びや挑戦に適した日。新しいプロジェクトの着手やスキルアップにも最適。視野が広がり、専門性も上がる。	学びや旅行に関する投資が◎。本やセミナーなど自らに還元できる形がおすすめ。どんぶり勘定には要注意。	異文化交流や新たな知識を持つ人との縁が生まれそう。広い視点で相手と接すると、新しい価値観が得られる。

月が10ハウスにある日の運勢

確実な一歩の日

社会性を大切にしつつ
自分自身を労わっていきたいとき

　責任感が増し、仕事や勉強への意欲が湧きやすい時期です。「時間を無駄にせず、有効に使いたい」という意識が高まり、計画的に物事を進めようとするでしょう。また、努力が実を結びやすく、成果が認められることで充実感を得られるタイミングでもあります。目の前のタスクにやりがいを感じ、モチベーション高く取り組んでいけそうです。社会的な評価を気にしやすく、規則やルールを重視する傾向も。一方で、本音を表現しにくくなったり、自分を後回しにしやすいかもしれません。周囲の期待に応えることも大切ですが、活力と健康こそが最大の資本だと考えて、自分自身を労わる時間を意識的に確保し、心と体のバランスを整えていきましょう。

恋	仕事	お金	対人
色んなことを考えてしまうと動けなくなるかも	今日のできばえが今後に活きる	気軽な感覚で支払いをしないように	ルールや礼儀を守り、TPOを意識していく
相手を思うあまり、さまざまな視点から考えすぎてしまうかも。無理に動くよりも、明日以降に仕切り直しましょう。	今日やるべきことに全力を尽くせる日。目標を高めに設定すると、俄然やる気とパワーがみなぎるでしょう。	倹約や貯蓄に意識を向けたいとき。ちょっとした出費や小銭をアバウトに使わないことが大事になりそう。	注目度が高まっています。自分の立場や立ち位置を少しだけ意識すると◎。自分が後悔しない選択を心がけましょう。

月が11ハウスにある日の運勢

遠い世界を近くに感じられる日

声が遠くまで響き
垣根を越えた自由な交流が生まれる

　友情やコミュニティとのつながりが強調されるタイミングです。人との交流が活発になり、仲間との会話から新しい気づきを得られることもありそうです。普段あまり話さない人とも自然に打ち解けやすく、共通の目的を持つグループでの活動が充実しそうな星の回り。また、未来への希望や夢に意識が向かいやすく、理想を語ることで共感を得られることも。感情が仲間の影響を受けやすくなるため、周囲の雰囲気に流されすぎないよう注意が必要です。SNSやオンラインでの交流にも適した日なので、発信や情報収集を積極的に行うのも良いでしょう。人とのつながりを大切にしながら、自分の目標を再確認する機会にすると、充実した時間を過ごせそうです。

恋	仕事	お金	対人
仲間内の交流から恋に発展	**仲間や同僚など横のつながりが大事**	**友情や人間関係にお金が絡みそう**	**人とのつながりがカギになる**
気軽な場所が好印象に繋がるとき。SNSやイベントでの出会いも期待大。自由でフランクな関係を大切にすると◎。	一人で頑張るよりも、遠慮せず周りの力を借りて◎。それをきっかけに今後も有益な協力関係を築けそう。	お金の貸し借りは厳禁ですが、返金を期待しないなら良運に転がるはず。ただし、大金の場合は話が別。	友人からの情報が収入のヒントになりそう。投資やクラウドファンディングなど、未来志向の資金計画に適した日。

月が**12**ハウスにある日の運勢

感受性が豊かになる日

心の声に耳を澄ませ、内なる癒やしを深め
確認作業を大切にしてケアレスミスを防ぐ

　内面的な世界と向き合うタイミング。感情が繊細になりやすく、直感が冴える一方で、理由のわからない漠然とした不安を感じることもありそうです。無理に外向きに活動するよりも、ひとりの時間を大切にし、心を整えることが開運のカギとなります。夢や潜在意識からのメッセージを受け取りやすい日でもあるため、瞑想や日記を書くのもおすすめです。過去を振り返り、不要なものを手放すことで、新しい流れが生まれるでしょう。人助けや奉仕的な行動が心を満たすこともありますが、エネルギーを消耗しやすいので、自分を労わることも大切に。ひとりの時間を過ごし、静かにリセットすることで、次のサイクルに向けた準備を整えていける日となります。

恋	仕事	お金	対人
恋愛も直感がカギとなる	目に見えない疲れを感じやすいかも	見えない流れに左右されやすいかも	見えなくても絆とつながりを大切に
無理に行動せず心の整理を優先して。夢や潜在意識が、恋のヒントに。表情に出ない感情や秘密の想いを察知できます。	無理に頑張るより裏方の作業や内省的な仕事に向く日。直感が冴えるため、創造的なアイデアやひらめきを大切に。	無駄遣いに要注意。一方で、寄付や人助けが巡り巡って良い運気を呼ぶことも。直感を信じ、お金の管理は慎重に。	表面的な会話よりも深い信頼関係が求められる日。無理に交流せず一人の時間を大切にすると吉。直感を信じると◎。

日運で補助的に見たい星

水星と金星を見ることで
日運の解像度を上げていこう！

　月の動きや配置から日々の運勢を読み解くことで、自分の心の動きや内面の変化を知ることができます。しかし、さらに解像度を高め、より具体的な影響を捉えるためには、水星と金星の配置も取り入れるのがおすすめです。

　水星は思考、コミュニケーション、学びを司る天体であり、月と水星のアスペクトを確認することで、その日の判断力や伝達能力の質が見えてきます。たとえば、月と水星がトライン（120度）を形成する日は、直感と論理的思考のバランスが取れ、スムーズに言葉を紡ぎやすく、重要な決断にも適したタイミングとなるでしょう。

　一方、金星は価値観、人間関係、美的感覚を象徴する天体です。月と金星のアスペクトを見ることで、その日の対人運や新たな出会いのチャンスを読み解くことができます。日運をより詳細に知りたいときには、月が水星や金星とどのような角度を形成しているかに注目すると、より的確なリーディングが可能になるでしょう。

> この星をチェック！

水星&金星

―――― 月と水星が… ――――

0度

月と水星が合である日は、感情と思考が一体となったような、自分自身の気持ちへの理解度が高まります。言葉にしにくいような感情を表現できたり、コミュニケーション能力も向上。心の動きを言葉で表現しやすく、大切な人へ自分の想いをきちんと伝えられる日になります。

120度

頭に浮かんだアイデアを言語化しやすくなったり、複雑な問題の解決策を見出しやすくなるなど、思考が冴えわたるとき。自分の考えのアウトプットだけでなく、相手の言葉の真意も汲み取りやすくなるでしょう。感情に振り回されることなく、冷静な判断ができる日です。

―――― 月と金星が… ――――

0度

人と関わっていく中で、ほっと心が落ち着くような感覚や、ちょっとした嬉しい出来事があるかもしれません。楽しいという感情を最優先し、イキイキと振る舞えるため、新しい出会いや、関係の進展にも有効な日。ファッションや美容など、美しさや美的感覚が刺激されるかも。

120度

社交運が劇的に高まる日になりそうです。特に、今日じっくりと話すきっかけを得られた相手とは、心が通い合うようなコミュニケーションが取れるかも。お互いが相手の魅力を引き出せるような関係性を築けるはず。また、お金につながるチャンスが舞い込んでくる可能性も。

P.20のホロスコープの出し方をチェックして 週・月・年の運勢を出してみよう

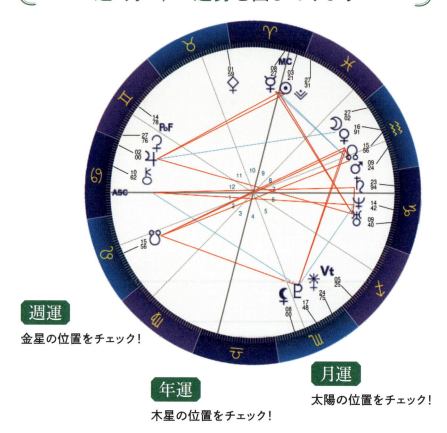

週運
金星の位置をチェック！

年運
木星の位置をチェック！

月運
太陽の位置をチェック！

1 調べたい週・月・年のホロスコープを出す

P.20のホロスコープの出し方ページを参考にしながら、調べたいタイミングの週・月・年のホロスコープを作成してみましょう。

2 天体が何ハウスにあるかをチェックする

そのタイミングに天体が何ハウスに滞在しているかをチェックします。週運の場合は金星、月運は太陽、年運は木星の位置を調べましょう。

今週の自分はどんな運気？
金星で見る毎週の運勢

金星の動きが人間関係や愛、楽しみ方のテーマを示してくれる

==金星は主に「対人関係」「楽しみ」「金運」などを中心に週運をリーディングするのに適した天体です。== その理由のひとつに、移動スピードが挙げられます。例えば、月は約2～3日でサインを移動するため日ごとの影響が強く、火星はひとつのサインに約1.5～2カ月滞在するため、より長期的な流れを示します。それに対し金星は1週間ごとの変化が比較的穏やかで、対人関係や金銭面に関するテーマが安定しやすいのが特徴です。

　また、金星が形成するアスペクトの影響も数日から1週間程度続くため、==「今週の社交運」「恋愛の進展度合い」「お金の流れ」== などを読み解く際に非常に役立ちます。特に、==金星の逆行前後には過去の人間関係や金銭問題が浮上しやすく、== 週単位での変化を意識すると流れをつかみやすくなるでしょう。ひとつのハウスに滞在する期間は個人のホロスコープによりますが、この適度なスピードにより、週単位での運気の流れを把握しやすくなります。

金星が 1 ハウスにある週の運勢

恋　魅力が自然と輝く恋愛運

自然と魅力が伝わり、恋愛のチャンスが多い。第一印象で好かれやすく、積極的なアプローチが◎。

仕事　社交性が評価される仕事運

人当たりの良さが武器となり、職場での好感度が高まりやすい兆し。社交性を活かすと、さらに仕事運UP。

お金　自己価値を高めていこう

自分の魅力を活かして収入を得られそう。ファッションや美容関係、自分が好きなものへの投資がおすすめ。

対人　自然と人が集まってくる

個性が輝き、人から好かれやすくなりそう。第一印象が相手に残りやすく、人脈を広げやすくなる傾向。

金星が 2 ハウスにある週の運勢

恋　安定と安心を求める恋愛

安定した恋愛を求め、物質的な安心感がカギに。贅沢なデートやプレゼントで愛情を深める傾向がありそう。

仕事　好きなことが仕事につながる

収入が安定しやすく、好きなことを仕事にすると成功しやすい傾向が。金銭的なセンスが研ぎ澄まされる。

お金　落ち着きと安定の金運

お金を引き寄せやすいが、使うことも楽しくなりそう。質の良いものを見分けて、長く使う覚悟なら◎。

対人　信頼できる関係を築いていける

落ち着きのあるムードと安定的な関係性を好み、信頼できる人と深くつき合っていける傾向がある。

金星が 3 ハウスにある週の運勢

恋　知的な会話が恋を深める

知的な交流が恋のカギ。会話が弾む相手に惹かれやすく、軽やかな関係を楽しむが、飽きっぽい面も。

仕事　発信と交流で成功をつかむ

コミュニケーション能力が活かされそう。営業、ライティング、教育など交流と共に学びが発生すると◎。

お金　知識欲を満たせる金運

知識や情報を通じた収入を得やすい予感。本や知識を増やしてくれるものへの出費が多くなっていくかも。

対人　会話を通じて縁が広がっていく

頭が冴えていく暗示。知的な会話を楽しみ、軽快なコミュニケーションで人とつながりやすくなっていきそう。

金星が 4 ハウスにある週の運勢

恋　のびのびとした愛情が育まれる

恋人と深い絆を築き、意中の人との距離が縮まる週。相手からたっぷりの愛情が期待できそう。結婚に向けて一歩前進。

仕事　気心と真心が成功を呼ぶ

個人よりもグループの仕事が◎。女性の上司や同僚と好相性。基本的には仕事よりも、家庭や私生活がメインになりそう。

お金　生活に根ざした金運

家や家族に関するお金の流れ。不動産や貯蓄が安定しやすい傾向。生活を豊かにするお金の使い方を。

対人　近い人たちとの絆が深まる

身内や親しい人との関係を大切にできるような星の配置。安心感のあるつながりを築き、喜びを享受できそう。

金星が 5 ハウスにある週の運勢

恋　トキメキのある恋愛運

恋愛を楽しむことがテーマ。ロマンチックでドラマティックな恋に惹かれ、情熱的な展開を期待できるかも。

仕事　創造力が輝く仕事運

持ち前の創造性を活かしていけそう。エンタメ、芸術、教育、子どもに関わる仕事で評価されていく。

お金　心の満足でさらに金運上昇

娯楽や趣味への出費が増えやすいが、楽しくお金を使えそう。投資運もあり。我慢するより納得する使い方を。

対人　楽しい交流が活発になっていく

ノリと喜びを共有できる人との縁が深まり、友人や恋人など、愛する人たちとの関わりが増えていきそう。

金星が 6 ハウスにある週の運勢

恋　献身的な愛を注いでいける恋愛運

仕事や日常の延長で恋が生まれそうなムード。献身的な愛を注ぐと、やりすぎて負担を感じることがあるかも。

仕事　細やかな気配りが活きる予感

繊細な気配りが求められる、または評価されやすい。さりげないサポートが信頼へとつながっていきます。

お金　日常の積み重ねで金運UP

健康や仕事に関するお金の流れがある暗示。計画的に使っていくことで、心に充足感を覚えられそう。

対人　職場や日常の人間関係が円満に

仕事や日常の中での人間関係が良好になりやすい。サポートし合う関係を築き、信頼関係を作っていけそう。

金星が 7 ハウスにある週の運勢

恋 理想の恋人像が
クリアになるかも

　パートナーシップを重視し、理想の恋を求めていける。恋愛が人間関係の軸になるかも。没入しすぎないこと。

仕事 人との関わりが
成功のカギ

　人と接することで仕事運アップに。外交、販売、コンサル業などは特に魅力が活かされていきそうです。

お金 誰かと
共にある金運

　パートナーの影響を受けやすいかも。共同財産やビジネスパートナーに縁がありそう。交際費はケチらないこと。

対人 大切な人との絆が
深まっていく

　広く人と関わり、社交性が開花する。話すことと聞くことの調和を意識することが重要なテーマとなる。

金星が 8 ハウスにある週の運勢

恋 深い愛と
強い絆で紡ぐ恋愛

　深い絆を求めて、感情面でつながっていける。秘密の恋や強い結びつきがテーマとなっていきやすい。

仕事 専門分野での
活躍が期待大

　悩み相談や専門知識を扱うことで仕事運アップに。金融、医療、占いなどの分野は特に能力を発揮できそう。

お金 水面下でやり取り
するような金運

　遺産や投資、不労所得に縁がある。お金に対する直感と洞察力が研ぎ澄まされるが、極端な使い方には要注意。

対人 深い信頼関係が
生まれていく

　深いつながりを求め、魂レベルで共鳴する人との出会いの兆し。本音トークや率直な意見が関係を深めていく。

金星が 9 ハウスにある週の運勢

恋 自由と刺激を求める恋愛

　自由を重視し、知的な刺激のある恋愛を楽しんでいきたくなる予感。マンネリや予定調和は打開しよう。

仕事 可能性を開拓していけそう

　海外や学問に関することで仕事が発展しそう。出版、教育、旅行、法律関係にツキがある。積極性が開運のカギ。

お金 発展性のある金運

　海外や教育、精神的な成長にお金を使いたくなるかも。旅行や学びに投資すると満足できる結果を得られそう。

対人 おもしろいご縁が広がっていく予感

　垣根をこえた交流が活発化しそう。誰かの体験談や思想を聞いて、刺激を与え合える関係性が発展していく。

金星が 10 ハウスにある週の運勢

恋 将来性のある恋が生まれるかも

　仕事を通じて恋が生まれていく予感。目的に向かって懸命な姿と姿勢に惹かれ合いやすい傾向がある。

仕事 実力を発揮し、成功をつかむ

　社会的な成功を意識しやすく、キャリア志向が強化されそう。自分自身の品格や価値を高く設定すると◎。

お金 実力に裏打ちされた金運

　社会的な成功で大きな収入を得やすい星の回り。自己成長とスキルアップのためにお金を使っていくと◎。

対人 肩書きを通じて良縁が生まれる

　会社など社会的な場での出会いが多く、尊敬される立場になることも。実務とやりがいでつながっていける。

金星が 11 ハウスにある週の運勢

恋　友情から恋愛に発展しやすい予感

友情モードから恋に発展しやすい感じ。広い人間関係の中で自然と愛が芽生え、自由な恋愛を楽しめそう。

仕事　人脈を活かしていこう

人脈を活かすことで成功の可能性が広がる。IT、ネットワーク、未来的な分野では特に活躍が期待できそう。

お金　人脈やネットワークで金運UP

人脈から収入を得る可能性あり。未来への投資やクラウドファンディングも◎。仲間との金銭問題には注意。

対人　キラキラした絆が生まれる

仲間やコミュニティのつながりが強くなりやすい。新しい出会いに恵まれそうなので、交流を楽しみましょう。

金星が 12 ハウスにある週の運勢

恋　秘密の恋や運命的な出会い

秘密の恋やスピリチュアルなつながりがテーマ。見えない縁に導かれ、無償の愛を感じられるかも。

仕事　静かに評価を上げていける

芸術やスピリチュアル、福祉などの分野で才能を発揮。ゴミ捨てなど裏方の仕事をこなし、陰徳を積むと◎。

お金　心の豊かさと直結する金運

見えないところで金運が巡る。寄付や奉仕、心の成長につながる支出が運を引き寄せていく。メンタルケアも◎。

対人　心でつながっていけるとき

見えない縁に導かれ、不思議な出会いが多くなるかも。秘密と感情の共有でご縁が強くなっていく。

週運で補助的に見たい星

水星と火星の配置が、
1週間の流れをより鮮明にする

　日々の運勢をさらに細かくリーディングしていきたい場合には、**水星と火星**の動きにも注目していきましょう。
　水星は思考、知識、コミュニケーションを司る天体であり、日々の意思疎通や学びの質に影響を与えます。特に、**水星と金星がアスペクトを形成するタイミングでは、言葉選びや会話の流れ、そして人間関係の進展度が運勢を読み解くポイントになってきます。**
　また、火星は挑戦や行動力を象徴し愛と調和を司る金星とは異なるエネルギーを持つ天体です。能動的な火星と受身的な金星は各々、恋愛や対人関係に大きな影響を与えます。**火星と金星のアスペクトからは、ノリの良い積極的な行動が良い結果を導くのか、感情のすれ違いや衝動的な行動に注意するべき時期なのかが見えてきます。**
　水星、金星、火星のアスペクトを意識すると、恋愛や対人関係、コミュニケーションの運勢をより立体的に読み解けるようになるのです。

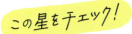

水星 & 火星

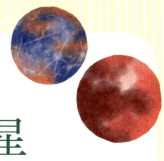

金星と水星が…

0度

金星と水星がコンジャンクションになる週は、表現力が非常に高まる期間です。恋愛面では、言葉の魅力が増し、相手との会話が弾みやすく、気持ちを伝える絶好のタイミングに。ビジネスシーンでは、あなたの考えを魅力的に伝える能力が高まり、相手を説得しやすくなります。

120度

金星と水星が120度を形成するタイミングは、価値ある人間関係を築ける週になるでしょう。相手の話をしっかりと聞きつつも、自分の考えも無理なく伝えられる絶妙なバランス感覚に恵まれます。勉強会やセミナーなど、学びの中に出会いがあるイベントが特に吉です。

金星と火星が…

0度

金星と火星、それぞれの持つエネルギーが相乗効果を生み、情熱と活気に満ちた1週間になりそうです。あらゆることにモチベーションが湧いてきますが、特に恋愛面では新しい恋が始まりやすく、すでに友人同士の関係性からの発展にも期待が持てるかもしれません。

120度

火星の行動力が金星の魅力を引き立てて、物事がスムーズに進みやすいでしょう。無理なく前進できるエネルギーが働き、周囲との関係も円滑に。目標に向かって確実に前進できる充実した時間となるでしょう。また、心と身体のバランスを整えるのにも最適な配置です。

今月の自分はどんな運気?
太陽で見る毎月の運勢

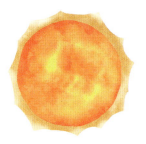

毎月の運勢を読み解くカギは
太陽の位置とサインが示すテーマにある

　太陽は、**個人の意識や人生の方向性を示す天体**です。太陽は約1カ月ごとにサインを移動し、特定のテーマが強調していることから、**太陽の位置によって1カ月間の運勢を読み解くことができます。**例えば、太陽が1ハウスにあるときは自己表現や新たなスタートに焦点が当たり、7ハウスにあるときは人間関係やパートナーシップが重要なテーマとなるでしょう。

　また、太陽が他の天体と形成するアスペクトも重要なポイントとなります。例えば、太陽と木星が調和的なアスペクトを取るときは、成長の機会や幸運が訪れやすく、逆に土星とハードアスペクトを形成する場合には、課題や責任に向き合う時期となるかもしれません。

　自分のネイタルチャートと現在の運行図を見比べて、太陽が滞在するハウスや他の天体とのアスペクトを考慮すると、1カ月の運勢の流れや重点を把握しやすくなり、より充実した時間を過ごせるはずです。

太陽が 1 ハウスにある月の運勢

自己アピールのチャンス
自由な行動が幸運のカギ

　タフでエネルギッシュに過ごせるとき。好奇心が旺盛になっているので周りからどう思われるかなど気にせず「自分はこうしたい」という欲求や情熱にしたがってOK。心の赴くままに行動することで喜びや充実感を見出せるでしょう。自己中心的というイメージを抱かれそうですが、裏表がなくストレートな姿勢は周りを魅了するはずです。

太陽が 2 ハウスにある月の運勢

安定への価値観を
見つめ直せるとき

　自分の価値観がお金の使い方に現れやすく、安心できる基盤を整えたくなるでしょう。収入や所有物に関する考えが深まり、無駄な支出を見直すことがおすすめです。また、本当に大切にしたいものを再確認する時間として、「何に価値を見出すのか」を自分に問いかけ、充実感を高める行動を選択すると良い流れを作れるでしょう。

太陽が 3 ハウスにある月の運勢

コミュニケーションや
学びを大切にして

　外の世界との関わりを強く求める傾向が強くなるときです。学ぶことにも意欲的で、刺激や成長を求めて活発に動き回るでしょう。情報を受け取ったり発信したり、人とも活発に交流したりすることで、自分らしさや生きがいを感じられるはず。一方、情報を重視するあまり自分の考えや生き方がブレやすくなるので注意してください。

太陽が 4 ハウスにある月の運勢

安心できる居場所が
必要なタイミング

　自分が安らげる場所を作ることに意識が向かうときです。例えば、結婚願望が高まったり、家族や愛する人と関わることを何より大切にしたり……。状況によっては、仕事よりもプライベートに重きを置く時期もあるでしょう。仕事で共感し合えたり、価値観が似ていたりする人に囲まれることで安心感を得られる場合もあります。

太陽が 5 ハウスにある月の運勢

夢を叶えるパワーが あふれるタイミング

　夢や理想、喜びや楽しみを中心とした生活を送る傾向が強まるときです。絵画や音楽などの芸術や芸能関係、もの作りなどクリエイティブな仕事が好調になったり、パーティーやお祭り事などのイベントの話が舞い込んできたりするでしょう。また、自分が好きなことができたり、持っている才能を存分に活かせるときでもあります。

太陽が 6 ハウスにある月の運勢

人の役に立つことで 輝きを放てるとき

　社会や周りの役に立つことに重きを置く傾向が強まるときです。例えば、自分の能力を周りから認められたり、誰かのために力を使ったりなど、貢献することや役に立つことに喜びや生きがいを見出そうとするでしょう。また、純粋な奉仕の精神も強まるため、地域活動やボランティアに参加するのに良いタイミングです。

太陽が 7 ハウスにある月の運勢

どんな人と関わるかで 運気も変わるとき

　一人ではなく他の誰かと一緒にいることを求める傾向が強まるときです。例えば、仕事なら個人で黙々と作業をするより、たくさんの人と関わりながらのほうが安心でき、充実感も得られるでしょう。ただ、良くも悪くも影響を受けやすいときなので、お互いに高め合い尊敬し合える人と行動をともにすることが望まれます。

太陽が 8 ハウスにある月の運勢

他者との関わりが 人生を発展させていく

　誰かとともに過ごすことに喜びを見出し、さらに深いプライベートや心と心のつながりを求めるときです。その意味では恋人との関係やセックス、結婚・出産などに関するご縁や出来事が起きやすいでしょう。また、そういった出来事を機に生活や思考パターンがガラリと変わったり、新たな展開が始まったりする可能性があります。

未知の世界や文化への関心を抱きそう

　今いる場所や環境ではなく、外の世界へ飛び出すことで、自分の才能や能力をより広げていきたいという意欲が出てくるときです。その意味で、旅行に出かけたり海外とのご縁ができたり、状況によっては結婚話が浮上する可能性もあります。興味の対象が変わりやすいものの、自由を求め、改革的な行動を起こしやすいでしょう。

自分の実力で成功をつかみ取るとき

　社会的に認められることに強い欲求を抱いたり、キャリアを積み上げることに生きがいを見出したりする傾向が強くなるときです。その分、自分にも他人にも厳しく、時には目的達成のために手段を選ばない非情な面も表れそうです。とはいえ、基本的にはストイックで辛抱強く、努力も惜しまないため確かな結果を残せるでしょう。

コミュニケーションが活発に発展しそう

　友人と一緒に過ごしたり、サークルやグループなどで活動したりすることに生きがいを感じるときです。人と交流することで、当然自分とは違う価値観を持つ人と接する場面もあるでしょうが、あえて違う分野に飛び込むことが重要なポイントになります。そういったコミュニティを通じて、自分らしさを見出せるでしょう。

内面を満たしながら精神的なバランスを保つ

　外的な評価や物質的な充足より、精神的に満たされることに幸せを感じるときです。実際、この時期まで現実世界をバリバリと働いてきたはずなので、定期的に心を休ませ、好きなことに没頭するための自分だけの居場所と時間を作りましょう。この時期に英気を養うことで、より人生が力強く回っていくはずです。

月運で補助的に見たい星

火星と木星の配置が、1ヵ月の行動の流れと発展のチャンスを示す

　星占い的に、総じて運気が良い月であったとしても、日々の流れの中には、特に活発に動ける日もあれば、気分が乗らない日もあります。活力やテンションには浮き沈みがあり、ずっと全力で動き続けることは現実的ではありません。そうした**1ヵ月の間でのメリハリや、特にエネルギーが高まりやすいタイミングを示してくれるのが「火星と木星の動き」**です。

　火星は行動力や意欲、瞬発的なエネルギーを象徴するため、やる気がみなぎってくる流れや、積極的に動くべきタイミングを示します。一方で、木星は拡大や発展、幸運の象徴であり、スムーズに事が運びやすいときや、努力が実を結びやすい時期を知る手がかりとなります。**火星と木星の配置を考慮していくことで、日々の流れを感じつつ、行動を起こすべきタイミングや勝負をかけるべきときを、よりはっきりと読み解けるのです。**

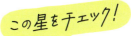

火星&木星

--- 太陽と火星が… ---

 0度

太陽と火星が重なる時期は、行動が未来を切り開くカギとなるタイミング。特に、自分をアピールする場面では、大きなチャンスを掴める可能性が高まります。情熱的かつ意欲的になれる時期だからこそ前向きな動機を心に宿し、目標に向かって動いていく姿勢が重要です。

120度

太陽と火星が120度になるときは、自己表現と行動力が調和し、エネルギッシュで自信に満ちた行動ができるでしょう。強い意志を持ち、努力を惜しまず、目標達成に向かっていける。困難にも積極的に立ち向かうことで、身内への強引さが和らぎ、周囲との協調も取りやすい。

--- 太陽と木星が… ---

 0度

太陽と木星が重なるときは、楽観さが引き出され、自己表現が活発になり、成功へのチャンスが引き寄せやすくなるでしょう。大らかさと誠実さを心がけることで、周囲の支持を得やすいはずです。向上心が強く理想を追求するが、楽観視しすぎて怠けたり、過信しないよう要注意。

120度

太陽と木星が120度のときは、前向きな姿勢が幸運と重なり、物事が順調に進みやすくなります。誠実さと寛容さが周囲に好印象を与え、良いチャンスが舞い込み、学びや精神的成長にも積極的に取り組めそう。継続的な努力を心がけることで、さらなる発展にも恵まれるでしょう。

今年の自分はどんな運気？
木星で見る毎年の運勢

木星の配置が、その年の成長のテーマや拡大する分野を示す

　木星は「幸運の星」として知られ、拡大と発展を司る天体です。どのハウスに滞在するかを知ることで、その年に巡ってくるチャンスや成長のテーマを見極めることができます。

　だからこそ、木星が示すテーマを知ることは、単なる「幸運の予測」ではなく、学びと成長の方向性を意識することでもあります。木星のテーマを心がけることで、その年にどのような学びが待っているのか、どのような価値観が育まれていくのかを見つめていきましょう。成長の機会は、新しい挑戦や未知の世界への扉となり、私たちに変化を促します。その流れに身を委ねることで、より豊かで充実した時間を紡いでいくことができるのです。

　木星は、私たちがすでに持っているものを拡大していくエネルギー。だからこそ、木星のテーマに沿いながら、自分自身が心地よくあれる選択をしていくことで、人生はより幸福な方向へと広がっていくでしょう。

木星が 1 ハウスにある年の運勢

♃ ♃ ♃

自らテーマを掲げ運を開いていく年

新しいことを始めるのに最適な年。前向きなエネルギーに満ち、周囲からの注目も集まりやすい傾向が。自分らしさを大切にしながら行動すると、大きな成長を期待することができそうです。自然とやる気と活力が高まっていき、迷うことが少なくなります。ただし、楽観しすぎて無鉄砲にならないように注意をしていきましょう。

木星が 2 ハウスにある年の運勢

♃ ♃ ♃

金運好調 自分磨きが重要になる年

金運や物質的な豊かさが拡大しやすい年。収入アップや価値観の変化が起こり、お金に対する考え方がポジティブに。稼ぐことに対する考えも変化し、新しい収入源を見つけるチャンスにも恵まれそうです。自分自身の素養を生かし、心地よい方向へと進んでいけば、自然と才能が発揮されていきます。ただし、浪費しすぎないように要注意。

木星が 3 ハウスにある年の運勢

♃ ♃ ♃

コミュニケーションが充実する年

情報やコミュニケーションの流れが活発に。知的好奇心が刺激される一年です。新しい学びやスキル習得に適しており、語学や執筆、発信活動を始めるのもおすすめです。人との交流が増え、良いご縁を広げるチャンスが多くやってきます。ただし、一方的に話しすぎたり、話を盛りすぎたり、また計画を広げすぎないように気をつけて。

木星が 4 ハウスにある年の運勢

♃ ♃ ♃

ルーツに関することでイベントが起こる年

家庭や心の居場所に恵まれる年。引っ越しや家のリフォーム、新しい住環境の整備にツキ。家族との関係が温かくなり、心から安心できる時間が増えていく星の配置です。精神面の安定が全体の運気に良い影響を与えるので、リラックスする時間を作り、自らを大切にしていきましょう。ただし、甘えすぎると成長の機会を逃すことも。

木星が5ハウスにある年の運勢

♃ ♃ ♃

楽しめば楽しむほど
運気が上昇していく年

　愛と喜び、創造性が開花する年。趣味や自己表現の場が広がり、恋愛運も好調に。前向きに物事を受け取り、堂々と自分をアピールできるので、新しいことに挑戦すると良い結果に。人との交流が増え、楽しい時間が多くなっていく予感。ただし、調子に乗って浪費や無謀な行動をしないように要注意。あなたが笑顔の中心地に。

木星が6ハウスにある年の運勢

♃ ♃ ♃

新しい展開が訪れて
忙しくも充実感を抱く年

　仕事や健康面で充実感を得られる年。努力が報われやすく、職場環境の改善やスキルアップの機会が増えそうです。健康管理を意識すると、心身ともに良いコンディションを維持しやすくなるので、新しいルーティンや習慣を取り入れるのも◎。あなたの有能さが必要とされるので、断る勇気を持ち、オーバーワークを回避しましょう。

木星が7ハウスにある年の運勢

♃ ♃ ♃

ご縁と出会いが
幸運そのものな年

　人間関係が大きく広がっていく年。恋愛・結婚運が好調で、良いパートナーと巡り会うチャンスも。ビジネス面でも協力者が現れ、人とのつながりや人脈によって、人生が大きく好転していくことも。ただし、相手に頼りすぎたり、関係を軽く見すぎると後悔するかもしれません。誠実な関係性を築くことが幸運を引き寄せるポイントです。

木星が8ハウスにある年の運勢

♃ ♃ ♃

大切な何かを受け取って
継承していく年

　深いご縁や経済面の変化が訪れる年。他者との関わりから価値観が変わる経験がもたらされるかも。遺産や投資、共有財産に関するチャンスがやってくるかもしれません。精神的な成長が促され、深い信頼関係を築くきっかけに。ただし、執着しすぎると運気が停滞するため、不要な想いは手放し、流れに身を任せることも大切にして。

木星が 9 ハウスにある年の運勢

さまざまな経験を経て
人生の学びを得る年

　知識を磨く環境に恵まれたり、さまざまな経験を経て人生の学びを得たりできる年です。視野や行動範囲を広げて、変化や冒険心を持ってアクションを起こしていくと運気アップに。専門的な知識を身に着けたり、可能性を広げるために転職をしたり、地元から別の場所で暮らしたりといったことを実行するにも絶好のタイミングです。

木星が 10 ハウスにある年の運勢

プレッシャーはあるけれど
手応えは十分な年

　仕事面で発展や成功が大いに期待できる年です。年上や権力者からの引き立てを受けたり、努力によって大きなチャンスを手に入れることができたりするでしょう。喜びと同じくらいプレッシャーも大きくなりそうですが、やりがいや手応えは十分なはず。利益自体は重視しつつ、私利私欲ではなく社会のために働くことが幸運のカギ。

木星が 11 ハウスにある年の運勢

得た人脈がそのまま
発展につながっていく年

　人とのご縁の数だけ成功の可能性が広がっていく年です。友人やコミュニティを通じて得た人脈が、そのまま発展につながっていくでしょう。特に年上から引き立てを受けたり、仕事のチャンスをもたらされたりと、行動範囲も拡大していきそうです。またその中で、お互い共鳴できる同志のような存在に出会える兆しもあります。

木星が 12 ハウスにある年の運勢

目に見える形で
幸運が訪れる年

　幸運に恵まれやすい年です。ピンチに陥っても絶妙なタイミングで救われたり、会いたいと思っている人と偶然出会えたりなど、不思議な幸運に恵まれることが多いでしょう。また、精神面での成長やスピリチュアルな才能が開花しやすい時期でもあります。直観を信じ、内なる声にしたがって行動するのが幸運のポイントです。

年運で補助的に見たい星

土星と合わせて見ることで
その時期に訪れる試練を知る

　木星は、私たちにチャンスと成長のきっかけをもたらしてくれる天体です。その恩恵を活かすためには、ただ手を伸ばすだけではなくて**「どんな課題を乗り越えなければならないのか」**を見極めることが大切です。その指針となるのが、**試練と制限を司る土星**の存在。時に厳しく感じるその影は、**私たちを立ち止まらせ、足元を見つめ直す機会を与えてくれる**のです。けれど、もしその壁について事前に知ることができたのなら、恐れるのではなく、課題に取り組めるのではないでしょうか。一つひとつの試練を超えた先には、より大きな成長と、これまで見えなかった新たな可能性が広がっていきます。
　また、**木星と土星はどちらも「社会天体」と呼ばれ、私たちがこの世界とどう関わり、どのように道を切り開いていくのかを示す重要な存在**です。希望と挑戦、その両方の視点を携えることで、私たちはより確かな自己実現へと向かうことができるでしょう。

この星をチェック！

土星

0度

　木星と土星が0度を形成する年は、拡大と制限、希望と試練が交差する節目のタイミング。木星が新しい可能性と成長のチャンスをもたらす一方で、土星はそれを現実的に形にするための責任や努力を求めます。木星と土星が重なることは、グレートコンジャンクションとも呼ばれ、未来への土台を築く重要な時期を示します。短期的な成功よりも長期的な成長を意識すると、大きな実りを得られるでしょう。単なる幸運に恵まれるというよりも、「努力した分だけ成果が得られる」ような運気です。継続的な努力と計画性が幸運を作り出すでしょう。

120度

　木星と土星が120度を形成する年は、成長と安定がバランスよく調和する運気。木星の拡大する力と土星の現実的な基盤がスムーズに組み合わさるため、努力が確実に成果へと結びつきやすい時期です。新しい挑戦をしても堅実な計画のもとで進めていけば、成果が上がりそうです。仕事や人生の方向性が定まり、次の具体的なステップが見えてくることも。特に、社会的な評価や信頼を得る機会に恵まれやすく、長期的な成長の基盤を築くのに最適な時期です。また、精神的にも安定しやすく、自分の価値観を深めながら確実に前進できるでしょう。

「今」を積み重ねた先に「未来」がある

星占いがもっとも求められるのは、「性格・相性診断」と「運勢占い」だと思います。出生情報をもとに作成されたホロスコープは、性格診断的な意味でも、自己理解と自己発見の有力な手がかりです。出生図に運行（トランジット）の天体を重ねることで、現在の星の動きがあなたにどのような影響を与えるのか、その可能性をさまざまな角度から読み解くことができるでしょう。

天体たちは粛々と運行を続け、その瞬間にしか見ることのできない模様を描きながら、今という時間を編み上げています。現在のあなたは過去の積み重ねによって形作られており、「今日の運勢」だけで人生が根底から覆ることはありません。しかし、今日という日に吹く風が、未来のあなたに微かな影響をもたらすことは確かなのだと思います。

そのため、運勢を知ることは、未来に向けた小さな心構えとなるでしょう。また、自分自身を知ることで、自己への信頼の気持ちが芽生え、適切な対応ができるようになるはずです。星を読むことは、自分を知る楽しみだけではなく、よりよい「今」を積み重ねることにつながっていくものだと思っています。

資料 月の運行表

表の見方

| 4/4 | 07:50 | 蟹座 |

【2025年4月5日10:00時点の月の運行を調べる場合】

2025年4月4日の07:50から蟹座にあり、6日の13:34に獅子座に移るので4月5日の10:00時点では蟹座に滞在しています。

2025

日付	時刻	星座	日付	時刻	星座	日付	時刻	星座
3/25	00:25	水瓶座	6/25	12:44	蟹座	9/29	18:55	山羊座
3/27	04:32	魚座	6/27	15:05	獅子座	10/2	04:52	水瓶座
3/29	05:36	牡羊座	6/29	20:44	乙女座	10/4	11:07	魚座
3/31	05:16	牡牛座	7/2	06:17	天秤座	10/6	13:48	牡羊座
4/2	05:26	双子座	7/4	18:33	蠍座	10/8	14:13	牡牛座
4/4	07:50	蟹座	7/7	07:06	射手座	10/10	14:12	双子座
4/6	13:34	獅子座	7/9	17:55	山羊座	10/12	15:37	蟹座
4/8	22:40	乙女座	7/12	02:21	水瓶座	10/14	19:47	獅子座
4/11	10:12	天秤座	7/14	08:45	魚座	10/17	03:06	乙女座
4/13	22:54	蠍座	7/16	13:33	牡羊座	10/19	13:02	天秤座
4/16	11:37	射手座	7/18	16:59	牡牛座	10/22	00:42	蠍座
4/18	23:12	山羊座	7/20	19:22	双子座	10/24	13:19	射手座
4/21	08:22	水瓶座	7/22	21:26	蟹座	10/27	01:53	山羊座
4/23	14:07	魚座	7/25	00:29	獅子座	10/29	12:55	水瓶座
4/25	16:24	牡羊座	7/27	05:56	乙女座	10/31	20:46	魚座
4/27	16:17	牡牛座	7/29	14:43	天秤座	11/3	00:40	牡羊座
4/29	15:35	双子座	8/1	02:25	蠍座	11/5	01:16	牡牛座
5/1	16:23	蟹座	8/3	15:01	射手座	11/7	00:21	双子座
5/3	20:29	獅子座	8/6	02:04	山羊座	11/9	00:06	蟹座
5/6	04:40	乙女座	8/8	10:18	水瓶座	11/11	02:34	獅子座
5/8	16:06	天秤座	8/10	15:50	魚座	11/13	08:52	乙女座
5/11	04:58	蠍座	8/12	19:33	牡羊座	11/15	18:44	天秤座
5/13	17:35	射手座	8/14	22:22	牡牛座	11/18	06:45	蠍座
5/16	04:58	山羊座	8/17	01:01	双子座	11/20	19:26	射手座
5/18	14:30	水瓶座	8/19	04:05	蟹座	11/23	07:53	山羊座
5/20	21:29	魚座	8/21	08:17	獅子座	11/25	19:16	水瓶座
5/23	01:26	牡羊座	8/23	14:24	乙女座	11/28	04:24	魚座
5/25	02:38	牡牛座	8/25	23:08	天秤座	11/30	10:07	牡羊座
5/27	02:22	双子座	8/28	10:27	蠍座	12/2	12:13	牡牛座
5/29	02:33	蟹座	8/30	23:05	射手座	12/4	11:48	双子座
5/31	05:17	獅子座	9/2	10:45	山羊座	12/6	10:54	蟹座
6/2	12:00	乙女座	9/4	19:32	水瓶座	12/8	11:48	獅子座
6/4	22:38	天秤座	9/7	00:54	魚座	12/10	16:20	乙女座
6/7	11:23	蠍座	9/9	03:37	牡羊座	12/13	01:04	天秤座
6/9	23:56	射手座	9/11	05:04	牡牛座	12/15	12:51	蠍座
6/12	10:55	山羊座	9/13	06:39	双子座	12/18	01:39	射手座
6/14	20:00	水瓶座	9/15	09:30	蟹座	12/20	13:53	山羊座
6/17	03:09	魚座	9/17	14:20	獅子座	12/23	00:52	水瓶座
6/19	08:08	牡羊座	9/19	21:23	乙女座	12/25	10:09	魚座
6/21	10:53	牡牛座	9/22	06:41	天秤座	12/27	17:02	牡羊座
6/23	11:57	双子座	9/24	18:01	蠍座	12/29	20:57	牡牛座
			9/27	06:37	射手座	12/31	22:13	双子座

2026								
1/02	22:09	蟹座	5/03	15:34	射手座	9/03	20:47	双子座
1/04	22:44	獅子座	5/06	04:06	山羊座	9/05	23:31	蟹座
1/07	01:57	乙女座	5/08	16:28	水瓶座	9/08	01:50	獅子座
1/09	09:06	天秤座	5/11	02:40	魚座	9/10	04:35	乙女座
1/11	19:55	蠍座	5/13	09:04	牡羊座	9/12	08:52	天秤座
1/14	08:34	射手座	5/15	11:31	牡牛座	9/14	15:44	蠍座
1/16	20:47	山羊座	5/17	11:23	双子座	9/17	01:41	射手座
1/19	07:18	水瓶座	5/19	10:46	蟹座	9/19	13:55	山羊座
1/21	15:50	魚座	5/21	11:48	獅子座	9/22	02:15	水瓶座
1/23	22:26	牡羊座	5/23	15:57	乙女座	9/24	12:24	魚座
1/26	03:05	牡牛座	5/25	23:34	天秤座	9/26	19:23	牡羊座
1/28	05:55	双子座	5/28	09:53	蠍座	9/28	23:40	牡牛座
1/30	07:32	蟹座	5/30	21:45	射手座	10/01	02:26	双子座
2/01	09:09	獅子座	6/02	10:19	山羊座	10/03	04:54	蟹座
2/03	12:21	乙女座	6/04	22:46	水瓶座	10/05	07:54	獅子座
2/05	18:33	天秤座	6/07	09:43	魚座	10/07	11:53	乙女座
2/08	04:13	蠍座	6/09	17:34	牡羊座	10/09	17:11	天秤座
2/10	16:22	射手座	6/11	21:28	牡牛座	10/12	00:21	蠍座
2/13	04:45	山羊座	6/13	22:06	双子座	10/14	10:00	射手座
2/15	15:17	水瓶座	6/15	21:14	蟹座	10/16	21:57	山羊座
2/17	23:09	魚座	6/17	21:05	獅子座	10/19	10:40	水瓶座
2/20	04:39	牡羊座	6/19	23:37	乙女座	10/21	21:35	魚座
2/22	08:31	牡牛座	6/22	05:55	天秤座	10/24	04:54	牡羊座
2/24	11:29	双子座	6/24	15:43	蠍座	10/26	08:35	牡牛座
2/26	14:11	蟹座	6/27	03:41	射手座	10/28	10:02	双子座
2/28	17:17	獅子座	6/29	16:19	山羊座	10/30	11:06	蟹座
3/02	21:34	乙女座	7/02	04:33	水瓶座	11/01	13:18	獅子座
3/05	03:56	天秤座	7/04	15:30	魚座	11/03	17:28	乙女座
3/07	13:02	蠍座	7/07	00:07	牡羊座	11/05	23:38	天秤座
3/10	00:37	射手座	7/09	05:31	牡牛座	11/08	07:40	蠍座
3/12	13:07	山羊座	7/11	07:42	双子座	11/10	17:36	射手座
3/15	00:14	水瓶座	7/13	07:47	蟹座	11/13	05:27	山羊座
3/17	08:16	魚座	7/15	07:35	獅子座	11/15	18:24	水瓶座
3/19	13:03	牡羊座	7/17	09:07	乙女座	11/18	06:20	魚座
3/21	15:35	牡牛座	7/19	13:57	天秤座	11/20	14:52	牡羊座
3/23	17:19	双子座	7/21	22:35	蠍座	11/22	19:10	牡牛座
3/25	19:33	蟹座	7/24	10:07	射手座	11/24	20:10	双子座
3/27	23:10	獅子座	7/26	22:44	山羊座	11/26	19:51	蟹座
3/30	04:33	乙女座	7/29	10:46	水瓶座	11/28	20:21	獅子座
4/01	11:51	天秤座	7/31	21:14	魚座	11/30	23:13	乙女座
4/03	21:11	蠍座	8/03	05:37	牡羊座	12/03	05:04	天秤座
4/06	08:32	射手座	8/05	11:36	牡牛座	12/05	13:35	蠍座
4/08	21:04	山羊座	8/07	15:08	双子座	12/08	00:07	射手座
4/11	08:56	水瓶座	8/09	16:46	蟹座	12/10	12:09	山羊座
4/13	17:56	魚座	8/11	17:38	獅子座	12/13	01:06	水瓶座
4/15	23:04	牡羊座	8/13	19:18	乙女座	12/15	13:36	魚座
4/18	00:58	牡牛座	8/15	23:20	天秤座	12/17	23:34	牡羊座
4/20	01:18	双子座	8/18	06:46	蠍座	12/20	05:30	牡牛座
4/22	02:00	蟹座	8/20	17:30	射手座	12/22	07:27	双子座
4/24	04:41	獅子座	8/23	05:59	山羊座	12/24	06:59	蟹座
4/26	10:05	乙女座	8/25	18:02	水瓶座	12/26	06:12	獅子座
4/28	18:03	天秤座	8/28	04:04	魚座	12/28	07:13	乙女座
5/01	04:02	蠍座	8/30	11:38	牡羊座	12/30	11:27	天秤座
			9/01	17:01	牡牛座			

2027									
1/01	19:16	蠍座		5/03	10:43	牡羊座		9/02	14:07	天秤座
1/04	05:57	射手座		5/05	16:53	牡牛座		9/04	16:44	蠍座
1/06	18:17	山羊座		5/07	20:07	双子座		9/06	23:01	射手座
1/09	07:11	水瓶座		5/09	21:59	蟹座		9/09	09:12	山羊座
1/11	19:36	魚座		5/12	00:01	獅子座		9/11	21:50	水瓶座
1/14	06:14	牡羊座		5/14	03:06	乙女座		9/14	10:39	魚座
1/16	13:44	牡牛座		5/16	07:34	天秤座		9/16	21:56	牡羊座
1/18	17:33	双子座		5/18	13:33	蠍座		9/19	07:05	牡牛座
1/20	18:21	蟹座		5/20	21:27	射手座		9/21	14:06	双子座
1/22	17:45	獅子座		5/23	07:43	山羊座		9/23	19:02	蟹座
1/24	17:45	乙女座		5/25	20:05	水瓶座		9/25	22:01	獅子座
1/26	20:12	天秤座		5/28	08:55	魚座		9/27	23:28	乙女座
1/29	02:21	蠍座		5/30	19:39	牡羊座		9/30	00:31	天秤座
1/31	12:14	射手座		6/02	02:33	牡牛座		10/02	02:46	蠍座
2/03	00:33	山羊座		6/04	05:43	双子座		10/04	07:56	射手座
2/05	13:29	水瓶座		6/06	06:39	蟹座		10/06	16:59	山羊座
2/08	01:32	魚座		6/08	07:13	獅子座		10/09	05:10	水瓶座
2/10	11:49	牡羊座		6/10	09:01	乙女座		10/11	18:02	魚座
2/12	19:45	牡牛座		6/12	12:57	天秤座		10/14	05:10	牡羊座
2/15	00:59	双子座		6/14	19:17	蠍座		10/16	13:37	牡牛座
2/17	03:39	蟹座		6/17	03:54	射手座		10/18	19:46	双子座
2/19	04:31	獅子座		6/19	14:36	山羊座		10/21	00:25	蟹座
2/21	04:59	乙女座		6/22	03:01	水瓶座		10/23	04:03	獅子座
2/23	06:45	天秤座		6/24	16:01	魚座		10/25	06:54	乙女座
2/25	11:24	蠍座		6/27	03:35	牡羊座		10/27	09:21	天秤座
2/27	19:53	射手座		6/29	11:47	牡牛座		10/29	12:23	蠍座
3/02	07:36	山羊座		7/01	15:56	双子座		10/31	17:24	射手座
3/04	20:32	水瓶座		7/03	16:59	蟹座		11/03	01:41	山羊座
3/07	08:26	魚座		7/05	16:40	獅子座		11/05	13:13	水瓶座
3/09	18:03	牡羊座		7/07	16:57	乙女座		11/08	02:09	魚座
3/12	01:16	牡牛座		7/09	19:24	天秤座		11/10	13:39	牡羊座
3/14	06:31	双子座		7/12	00:55	蠍座		11/12	21:58	牡牛座
3/16	10:11	蟹座		7/14	09:33	射手座		11/15	03:15	双子座
3/18	12:41	獅子座		7/16	20:39	山羊座		11/17	06:40	蟹座
3/20	14:37	乙女座		7/19	09:16	水瓶座		11/19	09:28	獅子座
3/22	17:02	天秤座		7/21	22:14	魚座		11/21	12:25	乙女座
3/24	21:18	蠍座		7/24	10:10	牡羊座		11/23	15:53	天秤座
3/27	04:43	射手座		7/26	19:28	牡牛座		11/25	20:10	蠍座
3/29	15:33	山羊座		7/29	01:10	双子座		11/28	02:01	射手座
4/01	04:20	水瓶座		7/31	03:25	蟹座		11/30	10:19	山羊座
4/03	16:25	魚座		8/02	03:25	獅子座		12/02	21:26	水瓶座
4/06	01:48	牡羊座		8/04	02:57	乙女座		12/05	10:20	魚座
4/08	08:10	牡牛座		8/06	03:55	天秤座		12/07	22:31	牡羊座
4/10	12:21	双子座		8/08	07:53	蠍座		12/10	07:36	牡牛座
4/12	15:32	蟹座		8/10	15:36	射手座		12/12	12:55	双子座
4/14	18:30	獅子座		8/13	02:35	山羊座		12/14	15:24	蟹座
4/16	21:39	乙女座		8/15	15:20	水瓶座		12/16	16:41	獅子座
4/19	01:22	天秤座		8/18	04:12	魚座		12/18	18:17	乙女座
4/21	06:21	蠍座		8/20	15:54	牡羊座		12/20	21:13	天秤座
4/23	13:37	射手座		8/23	01:33	牡牛座		12/23	02:01	蠍座
4/25	23:52	山羊座		8/25	08:27	双子座		12/25	08:50	射手座
4/28	12:24	水瓶座		8/27	12:21	蟹座		12/27	17:51	山羊座
5/01	00:52	魚座		8/29	13:43	獅子座		12/30	05:04	水瓶座
				8/31	13:44	乙女座				

	2028								
1/01	17:53	魚座		5/01	14:23	獅子座		8/31	20:26	水瓶座
1/04	06:36	牡羊座		5/03	17:36	乙女座		9/03	08:33	魚座
1/06	16:56	牡牛座		5/05	19:34	天秤座		9/05	21:15	牡羊座
1/08	23:26	双子座		5/07	21:16	蠍座		9/08	09:35	牡牛座
1/11	02:15	蟹座		5/10	00:12	射手座		9/10	20:25	双子座
1/13	02:43	獅子座		5/12	06:00	山羊座		9/13	04:26	蟹座
1/15	02:40	乙女座		5/14	15:27	水瓶座		9/15	08:49	獅子座
1/17	03:51	天秤座		5/17	03:39	魚座		9/17	09:52	乙女座
1/19	07:35	蠍座		5/19	16:13	牡羊座		9/19	09:06	天秤座
1/21	14:24	射手座		5/22	02:49	牡牛座		9/21	08:39	蠍座
1/24	00:02	山羊座		5/24	10:35	双子座		9/23	10:39	射手座
1/26	11:44	水瓶座		5/26	16:00	蟹座		9/25	16:33	山羊座
1/29	00:34	魚座		5/28	19:55	獅子座		9/28	02:21	水瓶座
1/31	13:23	牡羊座		5/30	23:01	乙女座		9/30	14:33	魚座
2/03	00:37	牡牛座		6/02	01:47	天秤座		10/03	03:18	牡羊座
2/05	08:46	双子座		6/04	04:44	蠍座		10/05	15:23	牡牛座
2/07	13:07	蟹座		6/06	08:45	射手座		10/08	02:10	双子座
2/09	14:13	獅子座		6/08	14:53	山羊座		10/10	10:57	蟹座
2/11	13:35	乙女座		6/10	23:57	水瓶座		10/12	16:54	獅子座
2/13	13:13	天秤座		6/13	11:41	魚座		10/14	19:38	乙女座
2/15	15:03	蠍座		6/16	00:19	牡羊座		10/16	19:56	天秤座
2/17	20:30	射手座		6/18	11:25	牡牛座		10/18	19:30	蠍座
2/20	05:45	山羊座		6/20	19:25	双子座		10/20	20:30	射手座
2/22	17:44	水瓶座		6/23	00:17	蟹座		10/23	00:51	山羊座
2/25	06:44	魚座		6/25	03:03	獅子座		10/25	09:23	水瓶座
2/27	19:22	牡羊座		6/27	04:58	乙女座		10/27	21:07	魚座
3/01	06:42	牡牛座		6/29	07:10	天秤座		10/30	09:52	牡羊座
3/03	15:49	双子座		7/01	10:28	蠍座		11/01	21:45	牡牛座
3/05	21:54	蟹座		7/03	15:24	射手座		11/04	07:58	双子座
3/08	00:43	獅子座		7/05	22:26	山羊座		11/06	16:24	蟹座
3/10	01:00	乙女座		7/08	07:49	水瓶座		11/08	22:50	獅子座
3/12	00:21	天秤座		7/10	19:24	魚座		11/11	03:00	乙女座
3/14	00:53	蠍座		7/13	08:04	牡羊座		11/13	05:00	天秤座
3/16	04:33	射手座		7/15	19:51	牡牛座		11/15	05:49	蠍座
3/18	12:27	山羊座		7/18	04:46	双子座		11/17	07:06	射手座
3/20	23:57	水瓶座		7/20	10:03	蟹座		11/19	10:42	山羊座
3/23	13:00	魚座		7/22	12:17	獅子座		11/21	17:57	水瓶座
3/26	01:31	牡羊座		7/24	12:56	乙女座		11/24	04:44	魚座
3/28	12:24	牡牛座		7/26	13:41	天秤座		11/26	17:20	牡羊座
3/30	21:23	双子座		7/28	16:02	蠍座		11/29	05:18	牡牛座
4/02	04:15	蟹座		7/30	20:55	射手座		12/01	15:10	双子座
4/04	08:38	獅子座		8/02	04:33	山羊座		12/03	22:42	蟹座
4/06	10:37	乙女座		8/04	14:34	水瓶座		12/06	04:20	獅子座
4/08	11:03	天秤座		8/07	02:21	魚座		12/08	08:29	乙女座
4/10	11:37	蠍座		8/09	15:02	牡羊座		12/10	11:30	天秤座
4/12	14:19	射手座		8/12	03:17	牡牛座		12/12	13:52	蠍座
4/14	20:45	山羊座		8/14	13:23	双子座		12/14	16:29	射手座
4/17	07:11	水瓶座		8/16	19:55	蟹座		12/16	20:34	山羊座
4/19	19:57	魚座		8/18	22:46	獅子座		12/19	03:20	水瓶座
4/22	08:27	牡羊座		8/20	23:00	乙女座		12/21	13:16	魚座
4/24	18:59	牡牛座		8/22	22:28	天秤座		12/24	01:29	牡羊座
4/27	03:15	双子座		8/24	23:12	蠍座		12/26	13:47	牡牛座
4/29	09:38	蟹座		8/27	02:51	射手座		12/28	23:58	双子座
				8/29	10:07	山羊座		12/31	07:06	蟹座

2029								
			5/02	08:09	山羊座	9/03	06:31	蟹座
1/02	11:35	獅子座	5/04	14:01	水瓶座	9/05	13:54	獅子座
1/04	14:27	乙女座	5/06	23:42	魚座	9/07	17:22	乙女座
1/06	16:51	天秤座	5/09	11:50	牡羊座	9/09	18:12	天秤座
1/08	19:38	蠍座	5/12	00:31	牡牛座	9/11	18:24	蠍座
1/10	23:27	射手座	5/14	12:24	双子座	9/13	19:50	射手座
1/13	04:46	山羊座	5/16	22:45	蟹座	9/15	23:42	山羊座
1/15	12:05	水瓶座	5/19	06:59	獅子座	9/18	06:13	水瓶座
1/17	21:48	魚座	5/21	12:33	乙女座	9/20	15:00	魚座
1/20	09:39	牡羊座	5/23	15:23	天秤座	9/23	01:35	牡羊座
1/22	22:14	牡牛座	5/25	16:14	蠍座	9/25	13:41	牡牛座
1/25	09:19	双子座	5/27	16:37	射手座	9/28	02:33	双子座
1/27	17:05	蟹座	5/29	18:20	山羊座	9/30	14:28	蟹座
1/29	21:16	獅子座	5/31	23:01	水瓶座	10/02	23:15	獅子座
1/31	22:53	乙女座	6/03	07:24	魚座	10/05	03:48	乙女座
2/02	23:40	天秤座	6/05	18:50	牡羊座	10/07	04:49	天秤座
2/05	01:15	蠍座	6/08	07:27	牡牛座	10/09	04:09	蠍座
2/07	04:51	射手座	6/10	19:13	双子座	10/11	04:01	射手座
2/09	10:53	山羊座	6/13	05:01	蟹座	10/13	06:15	山羊座
2/11	19:09	水瓶座	6/15	12:34	獅子座	10/15	11:53	水瓶座
2/14	05:20	魚座	6/17	18:00	乙女座	10/17	20:39	魚座
2/16	17:07	牡羊座	6/19	21:36	天秤座	10/20	07:39	牡羊座
2/19	05:48	牡牛座	6/21	23:51	蠍座	10/22	19:57	牡牛座
2/21	17:45	双子座	6/24	01:37	射手座	10/25	08:45	双子座
2/24	02:53	蟹座	6/26	04:05	山羊座	10/27	20:58	蟹座
2/26	08:01	獅子座	6/28	08:35	水瓶座	10/30	06:55	獅子座
2/28	09:33	乙女座	6/30	16:05	魚座	11/01	13:10	乙女座
3/02	09:11	天秤座	7/03	02:43	牡羊座	11/03	15:34	天秤座
3/04	09:02	蠍座	7/05	15:08	牡牛座	11/05	15:22	蠍座
3/06	11:03	射手座	7/08	03:05	双子座	11/07	14:34	射手座
3/08	16:20	山羊座	7/10	12:43	蟹座	11/09	15:17	山羊座
3/11	00:50	水瓶座	7/12	19:29	獅子座	11/11	19:09	水瓶座
3/13	11:36	魚座	7/14	23:55	乙女座	11/14	02:50	魚座
3/15	23:39	牡羊座	7/17	02:58	天秤座	11/16	13:38	牡羊座
3/18	12:19	牡牛座	7/19	05:35	蠍座	11/19	02:06	牡牛座
3/21	00:37	双子座	7/21	08:26	射手座	11/21	14:49	双子座
3/23	10:58	蟹座	7/23	12:08	山羊座	11/24	02:43	蟹座
3/25	17:45	獅子座	7/25	17:21	水瓶座	11/26	12:51	獅子座
3/27	20:30	乙女座	7/28	00:48	魚座	11/28	20:16	乙女座
3/29	20:19	天秤座	7/30	10:56	牡羊座	12/01	00:28	天秤座
3/31	19:16	蠍座	8/01	23:08	牡牛座	12/03	01:54	蠍座
4/02	19:36	射手座	8/04	11:27	双子座	12/05	01:52	射手座
4/04	23:10	山羊座	8/06	21:33	蟹座	12/07	02:11	山羊座
4/07	06:39	水瓶座	8/09	04:10	獅子座	12/09	04:41	水瓶座
4/09	17:19	魚座	8/11	07:40	乙女座	12/11	10:44	魚座
4/12	05:38	牡羊座	8/13	09:28	天秤座	12/13	20:31	牡羊座
4/14	18:18	牡牛座	8/15	11:08	蠍座	12/16	08:49	牡牛座
4/17	06:28	双子座	8/17	13:52	射手座	12/18	21:33	双子座
4/19	17:12	蟹座	8/19	18:17	山羊座	12/21	09:03	蟹座
4/22	01:15	獅子座	8/22	00:29	水瓶座	12/23	18:32	獅子座
4/24	05:43	乙女座	8/24	08:34	魚座	12/26	01:47	乙女座
4/26	06:55	天秤座	8/26	18:43	牡羊座	12/28	06:50	天秤座
4/28	06:20	蠍座	8/29	06:47	牡牛座	12/30	09:55	蠍座
4/30	06:03	射手座	8/31	19:29	双子座			

2030								
1/01	11:36	射手座	5/01	22:34	牡牛座	9/02	06:43	蠍座
1/03	12:55	山羊座	5/04	11:17	双子座	9/04	09:49	射手座
1/05	15:18	水瓶座	5/07	00:17	蟹座	9/06	12:51	山羊座
1/07	20:16	魚座	5/09	11:55	獅子座	9/08	16:06	水瓶座
1/10	04:47	牡羊座	5/11	20:25	乙女座	9/10	20:09	魚座
1/12	16:27	牡牛座	5/14	00:58	天秤座	9/13	01:59	牡羊座
1/15	05:15	双子座	5/16	02:10	蠍座	9/15	10:39	牡牛座
1/17	16:46	蟹座	5/18	01:39	射手座	9/17	22:15	双子座
1/20	01:37	獅子座	5/20	01:23	山羊座	9/20	11:10	蟹座
1/22	07:50	乙女座	5/22	03:10	水瓶座	9/22	22:41	獅子座
1/24	12:14	天秤座	5/24	08:16	魚座	9/25	06:49	乙女座
1/26	15:37	蠍座	5/26	16:57	牡羊座	9/27	11:30	天秤座
1/28	18:32	射手座	5/29	04:26	牡牛座	9/29	13:59	蠍座
1/30	21:25	山羊座	5/31	17:18	双子座	10/01	15:49	射手座
2/02	00:53	水瓶座	6/03	06:11	蟹座	10/03	18:13	山羊座
2/04	05:58	魚座	6/05	17:50	獅子座	10/05	21:47	水瓶座
2/06	13:48	牡羊座	6/08	03:05	乙女座	10/08	02:47	魚座
2/09	00:44	牡牛座	6/10	09:07	天秤座	10/10	09:33	牡羊座
2/11	13:31	双子座	6/12	11:56	蠍座	10/12	18:34	牡牛座
2/14	01:29	蟹座	6/14	12:25	射手座	10/15	06:01	双子座
2/16	10:27	獅子座	6/16	12:06	山羊座	10/17	18:58	蟹座
2/18	15:58	乙女座	6/18	12:51	水瓶座	10/20	07:13	獅子座
2/20	19:04	天秤座	6/20	16:24	魚座	10/22	16:24	乙女座
2/22	21:18	蠍座	6/22	23:45	牡羊座	10/24	21:37	天秤座
2/24	23:53	射手座	6/25	10:41	牡牛座	10/26	23:39	蠍座
2/27	03:26	山羊座	6/27	23:33	双子座	10/29	00:11	射手座
3/01	08:07	水瓶座	6/30	12:19	蟹座	10/31	00:59	山羊座
3/03	14:12	魚座	7/02	23:33	獅子座	11/02	03:25	水瓶座
3/05	22:18	牡羊座	7/05	08:37	乙女座	11/04	08:15	魚座
3/08	08:55	牡牛座	7/07	15:16	天秤座	11/06	15:37	牡羊座
3/10	21:34	双子座	7/09	19:29	蠍座	11/09	01:20	牡牛座
3/13	10:08	蟹座	7/11	21:34	射手座	11/11	13:02	双子座
3/15	19:59	獅子座	7/13	22:21	山羊座	11/14	01:58	蟹座
3/18	01:50	乙女座	7/15	23:14	水瓶座	11/16	14:38	獅子座
3/20	04:18	天秤座	7/18	01:57	魚座	11/19	01:04	乙女座
3/22	05:08	蠍座	7/20	08:01	牡羊座	11/21	07:46	天秤座
3/24	06:12	射手座	7/22	17:56	牡牛座	11/23	10:40	蠍座
3/26	08:51	山羊座	7/25	06:30	双子座	11/25	10:58	射手座
3/28	13:38	水瓶座	7/27	19:14	蟹座	11/27	10:29	山羊座
3/30	20:31	魚座	7/30	06:08	獅子座	11/29	11:07	水瓶座
4/02	05:22	牡羊座	8/01	14:30	乙女座	12/01	14:27	魚座
4/04	16:15	牡牛座	8/03	20:40	天秤座	12/03	21:15	牡羊座
4/07	04:50	双子座	8/06	01:11	蠍座	12/06	07:14	牡牛座
4/09	17:47	蟹座	8/08	04:25	射手座	12/08	19:20	双子座
4/12	04:44	獅子座	8/10	06:40	山羊座	12/11	08:17	蟹座
4/14	11:50	乙女座	8/12	08:40	水瓶座	12/13	20:54	獅子座
4/16	14:53	天秤座	8/14	11:39	魚座	12/16	07:56	乙女座
4/18	15:16	蠍座	8/16	17:09	牡羊座	12/18	16:09	天秤座
4/20	14:59	射手座	8/19	02:09	牡牛座	12/20	20:51	蠍座
4/22	15:56	山羊座	8/21	14:12	双子座	12/22	22:20	射手座
4/24	19:26	水瓶座	8/24	03:01	蟹座	12/24	21:54	山羊座
4/27	01:58	魚座	8/26	13:59	獅子座	12/26	21:26	水瓶座
4/29	11:13	牡羊座	8/28	21:51	乙女座	12/28	22:58	魚座
			8/31	03:04	天秤座	12/31	04:07	牡羊座

ANNA.（アンナ）

ライター、占星術師。Xの「12星座ポスト」が人気を博し、SNS総フォロワー数5万人を獲得。《自己啓発や自己理解に繋がる星読み》を掲げ、ホロスコープを読み解き、自己決定をサポートする。鑑定人数1万6千人以上。猫好きの猫アレルギー。
@anna0_x (https://x.com/anna0_x)

イラスト：スギタメグ
デザイン：山野辺有可
編集協力・DTP：西瓜社

「私」の新しい魅力を見つける星占いの手引書
2025年4月7日第1刷発行

著者　ANNA.
発行人　関川 誠

発行所　株式会社宝島社
　　　　〒102-8388
　　　　東京都千代田区一番町25番地
　　　　電話（編集）03-3239-0928
　　　　　　（営業）03-3234-4621
　　　　https://tkj.jp

印刷・製本　サンケイ総合印刷株式会社

本書の無断転載・複製を禁じます。
乱丁・落丁本はお取り替えいたします。

©ANNA. 2025
Printed in Japan
ISBN 978-4-299-06564-3